Peter Klock

Orangen
Zitronen und andere Citruspflanzen

So gedeihen sie am besten im Zimmer,
im Wintergarten, auf Balkon und Terrasse

Experten-Rat für Kauf, Pflege, Vermehrung
und Überwinterung

Zeichnungen: Marlene Gemke
Fotos: Friedrich Strauß und andere bekannte
Pflanzenfotografen

GU GRÄFE
UND
UNZER

VORWORT
INHALT

Orangen, Zitronen, Mandarinen oder gar die dicken Grapefruit als Kübelpflanzen – das ist der Traum vieler Balkongärtner und Wintergartenbesitzer. Aber gedeihen diese südländischen Gewächse denn bei uns? Sie tun's tatsächlich – im Zimmer, auf Balkon und Terrasse oder im Wintergarten, sie blühen und – sie tragen Früchte, die man mit Genuß essen kann. Vorausgesetzt natürlich: sie werden artgerecht gepflegt. Wie, das beschreibt Citrus-Experte Peter Klock in diesem GU Pflanzen-Ratgeber. Aus seinen langjährigen praktischen Erfahrungen heraus gibt er kompetenten Rat für den Kauf der richtigen Art oder Sorte und für die geeigneten Standorte. Auf Praxis-Seiten mit anschaulichen Zeichnungen erklärt er – leicht nachvollziehbar für jeden – wichtige Pflegemaßnahmen wie das Umtopfen in den Kübel, das Schneiden und Formen von Citrusbäumchen, das Vermehren, einschließlich des Veredelns, wodurch widerstandsfähige Pflanzen entstehen. Zeichnungen von Schädlingen und Krankheiten, dazu Behandlungstips helfen, kranke Citruspflanzen wieder »auf die Beine zu bringen«. Und ganz wichtig für die »Gäste aus dem Süden«: praxiserprobte Ratschläge fürs richtige Überwintern.
In brillanten Farbfotos und Beschreibungen sind die Sorten dargestellt, die bei uns gut gedeihen. Die Fotos zeigen 5 bis 6 Jahre alte Pflanzen – ein wenig Geduld braucht man also schon, bis junge Pflanzen oder aus Stecklingen gezogene ihre ganze Schönheit entfalten.
Viel Freude mit Ihren Citruspflanzen wünschen Ihnen der Autor und die GU Naturbuch-Redaktion.

Die duftenden Blüten der Zitrone.

Die Blutapfelsine Sanguinelli.

Blüten und Früchte der Chinotto, einer Varietät der Pomeranze.

Der Autor
Peter Klock, Buch- und Zeitschrif-
tenautor, Pflanzenzüchter und
Baumschulenbesitzer, hat sich seit
über 10 Jahren speziell auf das
Züchten und Kultivieren von Citruspflanzen und anderen subtropischen Pflanzen spezialisiert.

Autor und Verlag danken allen, die
an diesem Buch mitgewirkt haben,
insbesondere Prof. Dr. Hoeppe,
Gesamthochschule Kassel, für die
fachliche Durchsicht des Manu-
skripts. Chaim Josting, Arie Getzler,
Yossi Getzler, alle drei sind Citrus-
kultivateure und Inhaber eines Ver-
suchsgartens für Citruspflanzen in
Israel, außerdem Amos Or (M.Sc.),
Israel, und Frau Dr. Wurm, Institut
für Angewandte Botanik der Uni-
versität Hamburg.
Dank an Fritz Eikermann für seine
Unterstützung des Fotografen
Friedrich Strauß.

Die Fotos auf dem Umschlag:
Umschlagvorderseite: Kumquat
(*Fortunella margarita*).
Umschlagseite 2: *Citrus limon.*
Umschlagseite 3: Citruspflanzen
und Kübelpflanzen bilden eine
harmonische Gemeinschaft.
Umschlagseite 4: *Fortunella marga-
rita* als Hochstamm, buntblättrig
und als Busch.

Nicht nur Zitronen und Orangen

Die »botanische Karriere« der Citruspflanzen ist ebenso geheimnisvoll wie bemerkenswert: Man weiß fast nichts über Ursprung und Herkunft dieser Pflanze, die als Heilpflanze, Zierstück und Lieferant wohlschmeckender Früchte unentbehrlich wurde.

Die Citruspflanzen sind voller Geheimnisse: Weder die Urpflanze ist bis zum heutigen Tage bekannt, noch weiß man, wo sie herstammen. Nach Meinung vieler Forscher ist die Heimat dieser Pflanzen irgendwo in Südostasien zu suchen – vielleicht die Gegend um den Himalaya, vielleicht auch der Malaiische Archipel.

Geschichtliches

Citruspflanzen gehören zu den alten Kulturpflanzen, die anfangs überwiegend als Zier- und Heilpflanzen gezogen wurden. Wahrscheinlich haben um das Jahr 1500 portugiesische Seefahrer aus Indien und China süße Sorten mitgebracht und in Europa eingeführt. Zuvor waren alle bisher durch die Araber bekannten Citrusfrüchte sauer oder bitter.
Zu den ältesten Kulturformen gehört die Zitronatzitrone, *Citrus medica*, die bei den Griechen als »persischer« oder »medischer« Apfel durch die Kriegszüge Alexanders des Großen bekannt wurde.
Den Römern gelang die Kultur dieser Pflanze in Italien. Bei den Juden diente bereits früher eine Varietät (Etrog) dieser Art zu religiösen Zwecken. Etz hadar, »die schönen Bäume«, von denen in der Bibel berichtet wird, sollen ebenfalls *Citrus medica* gewesen sein. Die Zitronatzitrone wurde ebenso wie die Pomeranze *(Citrus aurantium)* hauptsächlich zu medizinischen Zwecken genutzt (zur Nervenberuhigung, gegen Husten, als Appetitanreger).

Orangerien

Citruspflanzen wurden auch bald als ausgesprochen dekorative Zierpflanzen entdeckt. Sowohl ihre Gestalt als auch die große Anzahl meist weißer, stark duftender Blüten im Frühjahr machen sie besonders attraktiv. Die unreifen grünen oder reifen gelb- bis orangefarbenen Früchte sind die übrige Zeit des Jahres eine echte Zierde.
Bereits im Barock ließen Fürsten und Könige deshalb an ihre Schlösser oft sogenannte Orangerien anbauen. In diesen mit besonders großen Fenstern ausgestatteten Gebäuden wurden vor allem Pomeranzen-, Apfelsinen- und Zitronenbäume kultiviert. So war es möglich, Citruspflanzen auch da zu halten, wo wegen der Klimaverhältnisse eine Kultur im Freien unmöglich gewesen wäre. Bald legten sich auch wohlhabende Bürger Wintergärten an, um diese und andere Pflanzen aus wärmeren Gebieten zu ziehen und ihre Früchte ernten zu können.
Eine der beliebtesten Pflanzen in den Orangerien war die Pomeranze, der »Goldene Apfel« *(poma* = Apfel, *aurantium* = Gold). Sie zeichnet sich nicht nur durch ihren ansprechenden Wuchs und die kräftig grünen Blätter aus, sondern vor allem auch durch ihre zur Reifezeit apfelgroßen, rotorangefarbenen Früchte.

Botanik: Eine schwierige Familie

Citruspflanzen gehören zur Familie der Rautengewächse *(Rutaceae)*. Zu ihr zählen beispielsweise auch die Weinraute *(Ruta graveolens)*, bei uns als Gewürzpflanze bekannt, sowie die Skimmie *(Skimmia japonica)*, eine Zierpflanze.
Die meisten kultivierten Citruspflanzen gehören den Gattungen *Citrus*, *Fortunella* und *Poncirus* an. Die taxonomischen Beziehungen sowohl innerhalb der Gattung *Citrus* als auch zu eng verwandten Gattungen sind komplex und schwierig. Die Einordnung erfolgt – je nach Autor – durchaus unterschiedlich.

Auffallende Zierde. ▷
Eine etwa 5 Jahre alte Kumquat (Fortunella margarita, Oval-Kumquat) mit reichem Fruchtbehang.

Der amerikanische Botaniker Swingle, der sich auf die Citruspflanzen spezialisiert hat, zählt folgende 6 Gattungen zu den »wahren« Citrusfrucht-Bäumen: *Fortunella, Eremocitrus, Poncirus, Clymenia, Microcitrus* und *Citrus*. Innerhalb dieser Gattungen lassen sich 29 Arten unterscheiden. Die in diesem Buch verwendeten Artenbezeichnungen wurden in Anlehnung an neueste Veröffentlichungen gewählt.

Eine Besonderheit: Sortenecht aus Samen

Zwischen verschiedenen Arten einer Gattung, aber auch zwischen Arten unterschiedlicher Gattungen besteht die Neigung zur Bastardisierung. Die dabei entstehenden Bastarde (Hybriden) sind bei den Citruspflanzen durchaus aus Samen vermehrbar – durch die sogenannte »Polyembryonie«: In einem Samenkorn sind nämlich mehrere Embryonen enthalten, mitunter bis zu 30.

Es können nun durchaus mehrere keimen und zu Pflanzen heranwachsen. Diese Embryonen sind in ihrer Gesamtheit jedoch nicht ausschließlich generativen Ursprungs, also versehen mit den Merkmalen beider Elternpflanzen. Auch auf vegetativem Wege entstandene

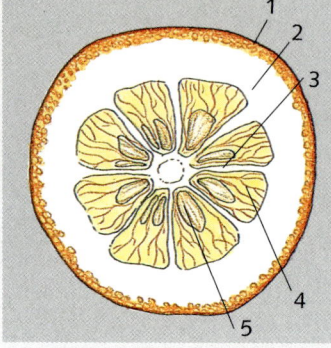

Der Fruchtaufbau.
1 Flavedo, 2 Albedo (1+2 = Fruchtschale), 3 Segmente, 4 Saftschläuche, 5 Samen

Embryonen können keimen und zeigen dann einzig die Merkmale der Mutterpflanze.

Durch diese Nucellarembryonen können Citruspflanzen sortenecht aus Samen vermehrt werden. Dann gleichen sich natürlich auch die Früchte. Es ist allerdings nicht vorhersehbar, ob Sämlinge generativen oder vegetativen Ursprungs heranwachsen.

Das Hauptproblem bei Kreuzungsversuchen von Citrusarten ist somit die spätere Zuordnung der Pflanzen. Oft kann erst nach der ersten Fruchternte mit Sicherheit gesagt werden, ob es sich bei den herangezogenen Pflanzen um solche handelt, die generativen Ursprungs sind, wie bei Kreuzungsversuchen erforderlich. Handelt es sich aber um Pflanzen aus Nucellarembryonen, entsprechen diese der Mutterpflanze und sind zur Züchtung neuer Sorten nicht geeignet.

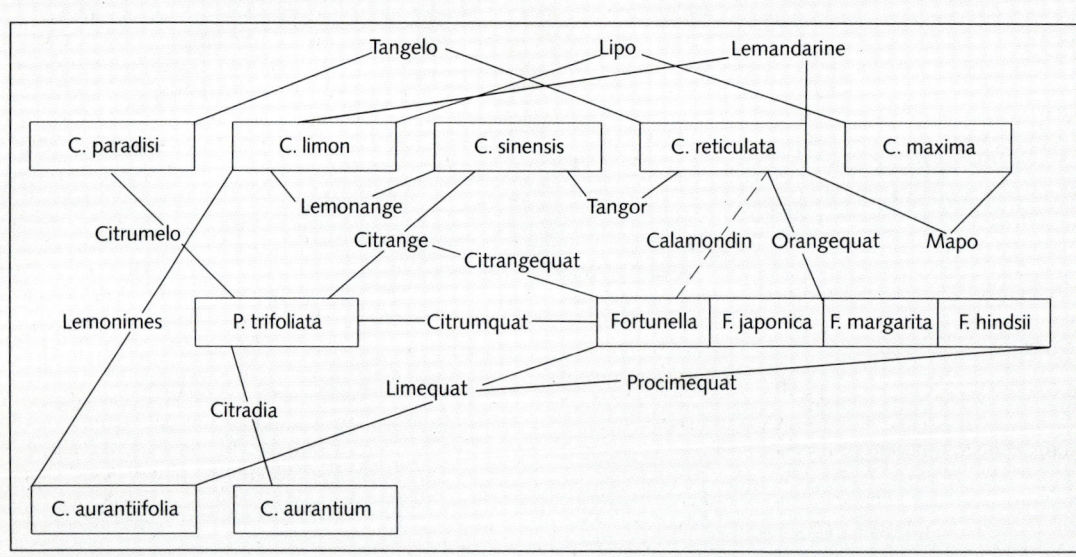

Citrus-Hybriden. Anhand dieser Grafik wird deutlich, wie vielfältig die verwandtschaftlichen Beziehungen der Citruspflanzen sind.

An den Blättern sind sie zu erkennen. 1 *Citrus aurantium,* 2 *Fortunella,* 3 *Poncirus trifoliata,* 4 *Citrus paradisi,* 5 *Citrus sinensis,* 6 *Citrus aurantium var. myrtifolia,* 7 *Citrus limon.*

Andere Methoden der Vermehrung
Vegetative Vermehrung: Citruspflanzen werden zu Zierzwecken gelegentlich aus Stecklingen herangezogen, weil sie so buschiger wachsen und schon bald blühen (→ Praxis-Seiten 40 und 41). Veredlung: Die weltweit häufigste Form der Vermehrung von Citruspflanzen ist heute das Veredeln (→ Praxis-Seiten 50 und 51). Dieses Verfahren ist bei weitem am wirtschaftlichsten, wenn es um die Produktion von Früchten geht. Die wichtigsten Vorteile sind, daß der Baum früher trägt und die Qualität der Früchte nur so gesichert ist.

Der Aufbau einer Citruspflanze
Citruspflanzen sind bis auf eine Gattung, *Poncirus,* immergrün. Es handelt sich um baumartig wachsende Gehölze mit mehr oder weniger stark ausgeprägter Bedornung, die bei einigen Arten sogar ganz fehlt.

Blätter
Die Blätter sind oft stark, seltener wenig geflügelt, das heißt, die Blattstiele sind mit flügelartigen Blättchen besetzt. Bei einigen Arten sind siw sogar ungeflügelt. Die Blattform kann daher häufig als Kriterium für die Zuordnung zu bestimmten Arten herangezogen werden (→ Zeichnung, oben).

Blüten
Gewöhnlich sind die Blüten von weißer Farbe, außen gelegentlich auch rötlich bis lila. Sie duften sehr stark und angenehm, oft an die Frucht erinnernd. Zumeist besitzen die Blüten 5 Blütenblätter (Kronblätter) und stehen achselständig einzeln oder zu mehreren.

Früchte
Es existieren viele sehr unterschiedliche Formen und Farben. Meist sind die Früchte, die zu den Beeren gehören, gelb bis rotorange von außen. Bei ganzjährig hohen Temperaturen und fehlender nächtlicher Temperaturabsenkung bleiben sie vorwiegend grün. Die Segmente bestehen aus Saftschläuchen, den Zotten, die die Samen umschließen (→ Zeichnung, Seite 6). Die Keimblätter der Samen von Mandarine und Calamondin sind durch Chlorophyll grün gefärbt, die der meisten anderen Arten weiß.

Fruchtschale
Die Fruchtschale, das Perikarp, ist von recht unterschiedlicher Dicke – sie kann zum Beispiel bei der Zitronatzitrone nahezu die ganze Frucht ausmachen. Sie besteht aus 2 Teilen: Dem weißen, bei vielen Arten locker schwammigen Mesocarp (Albedo) und dem Exocarp (Flavedo), der äußeren Fruchtschale. Alle Teile der Frucht und der Pflanze (→ Zeichnung, Seite 6) sind mit dicht beieinandersitzenden Öldrüsen versehen.

Ein wunderschöner Anblick: reich fruchtende Citruspflanzen in einer Plantage.

Die wirtschaftliche Bedeutung

Citruspflanzen sind weltwirtschaftlich von enormer Bedeutung. So wurden allein im Jahr 1981 55,3 Millionen Tonnen Citrusfrüchte produziert, die damit dicht hinter den Weintrauben zum meistangebauten Obst der Welt zählen. Die wichtigsten und größten Anbaugebiete befinden sich in den USA, Spanien, Japan, Brasilien und Mexico. Die Hauptexportländer sind Spanien, die USA, Israel, Marokko, Italien und Südafrika. Zu den wichtigsten Arten gehören Apfelsinen und Mandarinen, danach folgen Zitronen und schließlich die Grapefruits.

Citrusfrüchte – köstlich und gesund

Citrusfrüchte sind ein äußerst schmackhaftes und gesundes Obst, das in vielerlei Zubereitung genossen werden kann.

Das Verzehren von frischen, süßen Orangen und Mandarinen ist meist ein sauberes und trockenes Unterfangen, weil die den Saft enthaltenden Saftschläuche in den einzelnen Segmenten sicher verpackt sind. Diese wiederum können in der Regel problemlos voneinander getrennt werden.

Das Fruchtfleisch enthält eine Vielzahl von lebensnotwendigen Mineralien und Vitaminen, deren Menge und Verteilung allerdings von Sorte zu Sorte schwankt. So beträgt der durchschnittliche Vitamin-C-Gehalt bei Zitronen etwa 44 mg/100 g Fruchtsaft, bei Navelapfelsinen 59 mg/100 g. Citrusfrüchte enthalten außerdem das Vitamin A, den Vitamin-B-Komplex, die Vitamine E und P sowie diverse Spurenelemente.

Edle Pflanzen, schöne Früchte

Das Angebot an Citruspflanzen ist groß — die Vielfalt der Arten und Sorten fast unüberschaubar. Die folgende Auswahl von Citrusgewächsen soll Ihnen davon eine Vorstellung vermitteln und bei der Kaufentscheidung eine Hilfe sein. Alle genannten Pflanzen gedeihen im Kübel.

Tips zur Artenauswahl

Eßbare Citrusfrüchte entstammen überwiegend den Gattungen *Citrus*, *Fortunella* sowie den verschiedenen Art- und Gattungshybriden (→ Grafik, Seite 6). Sie alle lassen sich in Pflanzgefäßen kultivieren, wenn die jeweiligen Bedürfnisse der Pflanzen berücksichtigt werden. Einige Arten sind zur Kübelkultur besonders gut geeignet, weil sie auch im Pflanzgefäß reich blühen und Früchte ansetzen, die ihre natürliche Größe erreichen und schmackhaft sind. Andere blühen und fruchten zwar, lassen jedoch keine gleichgroßen oder qualitativ wertvollen Früchte entstehen. Hinweis: Alle auf den folgenden Seiten abgebildeten und beschriebenen Citruspflanzen gedeihen im Kübel. Einige Arten werden allerdings bei uns selten angeboten. Wer wenig Probleme mit der Pflege und Überwinterung haben möchte, sollte die Dreiblättrige Orange *(Poncirus trifoliata)* oder Hybriden dieser Art kultivieren. Sie vertragen auch einige Grade Frost und nehmen mit einem nicht sehr hellen, kalten Raum im Winter vorlieb.

Allerdings sind die Früchte dieser Art und viele ihrer Hybriden nicht mit Genuß zu verzehren, weil sie einen sehr sauren und bitteren Geschmack haben. Eine Ausnahme macht hier die »Rusk Citrange« *(Poncirus trifoliata x Citrus sinensis)*.
Recht häufig angeboten wird die Citruspflanze »Calamondin«. Sie zeichnet sich aus durch ein schon frühzeitig einsetzendes Blühen und Fruchten und durch eine schwache Wüchsigkeit. Da diese Pflanze zudem sehr gut mit den Gegebenheiten in einem Wohnzimmer auskommt, ist sie als Zimmerpflanze sehr beliebt.
Als Zwerg-, Zier- oder Calamondinorange wird sie in Blumengeschäften angeboten, obgleich sie richtiger »Calamondinmandarine« heißen müßte. Sie entstammt einer Kreuzung aus einer bestimmten Mandarinenart mit der Kumquat und wird offiziell mit x *Citrofortunella mitis* bezeichnet. Das x vor dem Namen weist darauf hin, daß es sich bei dieser Pflanze um einen Gattungsbastard handelt.

An nächster Stelle hinsichtlich der Häufigkeit angeboterer Citruspflanzen findet sich die Kumquatpflanze. Ihre kleinen runden (Marumi-Kumquat) oder ovalen (Nagami-Kumquat) Früchte zieren in großer Anzahl die kleinen Pflanzen in besonderer Weise. Sind sie reif, so kann man die Früchte mitsamt ihrer süßen Schale verzehren. Auch als Hochstämmchen sind Kumquats empfehlenswerte, ansehnliche Citruspflanzen.
Nicht so häufig angeboten werden Echte Orangen *(Citrus sinensis)* und Zitronen *(Citrus limon)*, obgleich auch diese Pflanzen zu sehr dekorativen Solitärs heranwachsen können.
Mein Tip: Wem zur Kultur nur ein Wohnraum zur Verfügung steht, ist gut beraten mit der Calamondin. Auch »Citrus-Anfänger« sollten mit dieser Pflanze beginnen.
Wer seinen Pflanzen im Sommer einen geschützten Platz im Freien (Balkon, Terrasse, Garten) zukommen lassen kann, kann sich auch an Apfelsinen, Mandarinen und Zitronen wagen. Grapefruits und Pampelmusen hingegen werden nicht immer befriedigen, weil die Früchte bei uns nur selten die gewohnte Größe und Qualität erreichen.

Citruspflanzen im Vergleich

Große, kleine, gelbe, orangefarbene Früchte, grünes und buntblättriges Laub und bezaubernde, zarte Blüten machen die Citruspflanzen so attraktiv.

1 Zitrone (*Citrus limon* 'Variegata').
2 Zitrone (*Citrus limon*).
3 Orange (*Citrus sinensis*).
4 Calamondin (x *Citrofortunella mitis*).
5 Grapefruit (*Citrus paradisi*).
6 Mandarine (*Citrus reticulata*).
7 Citrussämling.
8 Chinotto (*Citrus aurantium var. myrtifolia*).
9 Dreiblättrige Orange (*Poncirus trifoliata*).
10 Limequat (*Citrus aurantiifolia* x *Fortunella spec.*).
11 Oval-Kumquat (*Fortunella margarita*).
12 Rund-Kumquat (*Fortunella japonica*).

Eine aparte Kübelpflanze ist die Chinotto mit ihren zahlreichen Früchten.

Die goldenen Äpfel

Pomeranzen

Schon in den Orangerien vergangener Jahrhunderte war die Pomeranze *(Citrus aurantium)*, der »Goldene Apfel« *(poma* = Apfel, *aurantium* = Gold), beliebt. Die Sauerorange, wie sie auch genannt wird, stammt aus Indien und wurde durch die Araber nach Spanien gebracht. Zur Kübelkultur ist sie bestens geeignet wegen ihres ansprechenden Wuchses. Blüht die Pflanze, setzt sie oft Früchte an, die auch bei uns eine ansehnliche Größe erreichen können. Aus ihnen wird unter anderem die köstliche englische Orangenmarmelade hergestellt (Orange jam).

Pomeranzen können aus den Samen der Früchte herangezogen werden. Es vergehen jedoch viele Jahre, bis sie blühen und fruchten. Schneller geht es durch Veredlung. Pomeranzen bilden Pfahlwurzeln. Aus diesem Grund muß das Pflanzgefäß möglichst hoch sein. Beim Umtopfen darf die Pfahlwurzel nicht gekappt werden, weil die Pflanze darunter erheblich leiden würde.

Chinotto *(Citrus aurantium var. myrtifolia)* Foto links, ist eine Varietät der Pomeranze (aus Israel kommend: Hardas). Sie wird seit mehreren Jahrhunderten kultiviert und zeichnet sich aus durch ihren schwachen Wuchs und ihre kleinen, dichtstehenden dunkelgrünen, myrtenähnlichen Blätter.
Im Sommer sollte sie im Freien kultiviert werden, in der kalten Jahreszeit kann sie bei +5 °C überwintern. Die Chinotto blüht schon früh und überreich und setzt viele verwertbare Früchte an. Sie werden kandiert gegessen oder zu Saft verarbeitet.

12

Nova ist eine Varietät und gehört der großen Gruppe der mandarinenartigen Citruspflanzen an (Citrus reticulata). Als Kübelpflanze gedeiht sie in unserem Klima gut. Ihre Früchte sind mittelgroß und früh reifend, die Schale löst sich gut.

Fernandina ist eine recht unbekannte, zitronenartige Citrusfrucht. Ihr Aussehen ähnelt stark dem der Pomelo (Citrus maxima). Die Pflanze wirkt besonders durch ihre großen, schönen Früchte von gelber oder gelbgrüner Farbe im Reifezustand. Sie liebt einen warmen Standort und kann ganzjährig in einem Wintergarten kultiviert werden. Ihre Früchte sind sauer.

Minneola wird zu den mandarinenartigen Citrusfrüchten gezählt. Die Eltern dieser 1931 in Florida gezüchteten Hybride sind Grapefruit und Mandarine. Als Kübelpflanze an geschützten Plätzen geeignet. Ihre jungen Blätter sind sehr empfindlich. Typisch für die leicht schälbaren rotorangen Früchte ist die nackenartige Auswölbung am Stielansatz. Süßsauer und sehr saftig.

Chinesische Pomeranze. Ihre große, flache Frucht sieht einer fliegenden Untertasse ähnlich. Die Pflanze wird auch als tristezaresistente Veredlungsunterlage verwendet. Eine dekorative Kübelpflanze, die auch im Winter nicht kälter als 10 °C aufgestellt werden sollte. Die Pflanze fruchtet gut. Ihre leicht schälbaren sauren Früchte können mit Zucker zu schmackhafter Marmelade verarbeitet werden.

Hermandina trägt recht kleine, mandarinenartige Früchte, die spät reifen. Ist zur Kübelkultur gut geeignet, weil sie auch niedrige Temperaturen verträgt. Angebaut wird sie vor allem in Spanien auf der Citrange als Wurzelstock. Wer dort Urlaub macht, sollte sie sich mitbringen, da sie bei uns nur selten angeboten wird. Die leicht schälbaren Früchte sind süßsäuerlich im Geschmack.

Michal wurde vor wenigen Jahren in Israel gefunden und nach der Tochter des Entdeckers benannt. Die Pflanze wächst nicht sehr stark und ist daher als Kübelpflanze gut geeignet. In der Reife zieren viele dunkelorangefarbene, clementinenartige Früchte die Pflanze. Sie sind auffallend süß und sehr saftig.

13

Orange und Kumquat

Die Orange oder Apfelsine stammt aus Ostasien. Ihre genaue Heimat ist jedoch ebenso unbekannt wie die Wildform dieser Art. Möglicherweise handelt es sich um eine Mutation der Pomeranze. Unklar ist, wie und wann die Apfelsine (= Apfel aus China) nach Europa gekommen ist. Die meisten Citruspflanzen fühlen sich im Mittelmeerraum inzwischen so wohl, daß dieses Gebiet als ihre zweite Heimat bezeichnet werden kann. Die besten Orangen entstammen Gebieten mit mediterranem Klima. Bei Reisen in Mittelmeer-Anrainerstaaten ist es daher möglich, zu jeder Jahreszeit Pflanzen in kleinen Pflanzgefäßen mitzubringen, um sie zu Hause als Kübelpflanzen weiterzuziehen. Fertige, große Pflanzen hierherzubringen ist meist zu aufwendig und teuer. Eine einfache Methode ist auch, aus mitgebrachten Triebstücken die gewünschten Arten und Sorten anzuziehen oder sie zum Veredeln zu benutzen.

Die drei Hauptgruppen:

1. Navelorangen: Älteste Vertreterin dieser Gruppe ist die Bahia-Orange, die im vorigen Jahrhundert durch Mutation entstanden ist. Man entdeckte sie in Bahia (Brasilien). Inzwischen ist sie unter der Bezeichnung Washington Navel bekannt.
2. Blondorangen: Ihre Hauptvertreter sind die Jaffa-Orange, Shamouti und die Valencia beziehungsweise Valencia Late.
3. Blutorangen: Bei Vollblutorangen ist sowohl das Fruchtfleisch als auch die Schale dunkellilarot gefärbt (Sanguinelli); bei Halbblutorangen (Moro) nur das Fruchtfleisch.

Sanguinelli ist eine spanische Vollblutapfelsine. Wegen der tieflilarot gefärbten Früchte, die schon an jungen Veredlungen wachsen, und der schwächeren Wüchsigkeit ist die Sanguinelli eine ausgesprochen schöne Kübelpflanze. Die Orangen werden nur mittelgroß, haben einen angenehmen Duft und einen guten, süßen Geschmack. Die Schale ist schlechtlösend.

Süße Orange, Apfelsine. Die Valencia-Orange reift sehr spät. Ihr volles Aroma erreicht sie nur bei ausreichender Wärme. Reife Früchte halten sich am Baum, ohne schnell an Wert zu verlieren.

Sie ist eine geeignete Kübelpflanze, weil ältere Exemplare das ganze Jahr über entweder blühen oder Früchte – grün bis orange – tragen. Gedrungen wachsende Pflanzen, veredelt auf eine schwachwachsende Unterlage wie *Poncirus trifoliata*, sind besonders dekorativ. Zur Ausbildung schmackhafter Früchte dürfen die Temperaturen nicht zu niedrig liegen. Die Pflanze läßt sich aber auch bei niedrigen Temperaturen überwintern. Ausgereifte Früchte haben ein angenehmes Aroma; sie sind meist von süßem, nur selten auch mal von saurem Geschmack.

Kumquat, Foto links. Robert Fortune erforschte die Tee-Regionen Chinas und brachte Oval-Kumquats mit nach London. Nach ihm wurde die Gattung *Fortunella* benannt. Kumquatpflanzen gehören zu den schönsten Kübelpflanzen. Besonders die Art *F. margarita* mit ihren ovalen, leuchtendorangen pflaumengroßen Früchten ist eine auffallende Zierde. *F. japonica* bildet runde, weniger leuchtende Früchte aus und ist schwächerwüchsig. Die roten Früchte von *F. hindsii* werden nur gut erbsengroß. Diese Pflanze eignet sich gut zur Bonsaikultur. Kumquats gedeihen an jedem sonnigen Platz. Sie müssen beim ersten Bodenfrost eingeräumt werden. Die Früchte können mitsamt der süßen Schale verzehrt werden.

Variegataform der Kumquat (*Fortunella margarita* 'Variegata'). Sie hat grün-weiß oder grün-gelb geschecktes Laub. Die noch unreifen Früchte weisen eine grün und weißgelb gestreifte Schale auf. Reife Früchte sind in Form und Ausfärbung von der Art nicht mehr zu unterscheiden.

Die Kulturerfordernisse sind die gleichen wie bei den zuvor beschriebenen Kumquats. Die Früchte sind gleichwertig und ebenso nutzbar.

Die Kumquat gehört an einen sonnigen Platz.

Die schönen Gelben mit zartduftenden Blüten

Zitronen und Grapefruit

Zu den ersten nach Europa eingeführten Citrusgewächsen soll die Zitronatzitrone *(Citrus medica)* gehört haben. Aus ihrer Schale wird das Gewürz Zitronat hergestellt. Eine andere Art ist die (Saft-)Zitrone *(Citrus limon)*.
Sie wird im Mittelmeergebiet und Kalifornien angebaut. Als Kübelpflanze ist sie sehr geeignet, verträgt aber keine extremen Temperaturen und neigt zu sparrigem Wuchs.

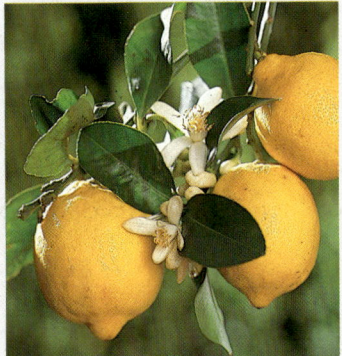

Meyer Lemon *(Citrus limon 'Meyerii')* ist wegen ihres gedrungenen Wuchses und ihrer schönen Früchte eine empfehlenswerte Kübelpflanze. Sie entstammt einer Kreuzung zwischen Zitrone und Orange. Sie ist anspruchslos und hat saftige Früchte.

Vier-Saison-Zitrone, Foto rechts. Sie wird in der Toskana und Südfrankreich als dekorative Solitärpflanze gezogen. Nach der Hauptblütezeit im Frühjahr blüht und fruchtet sie auch während des restlichen Jahres.

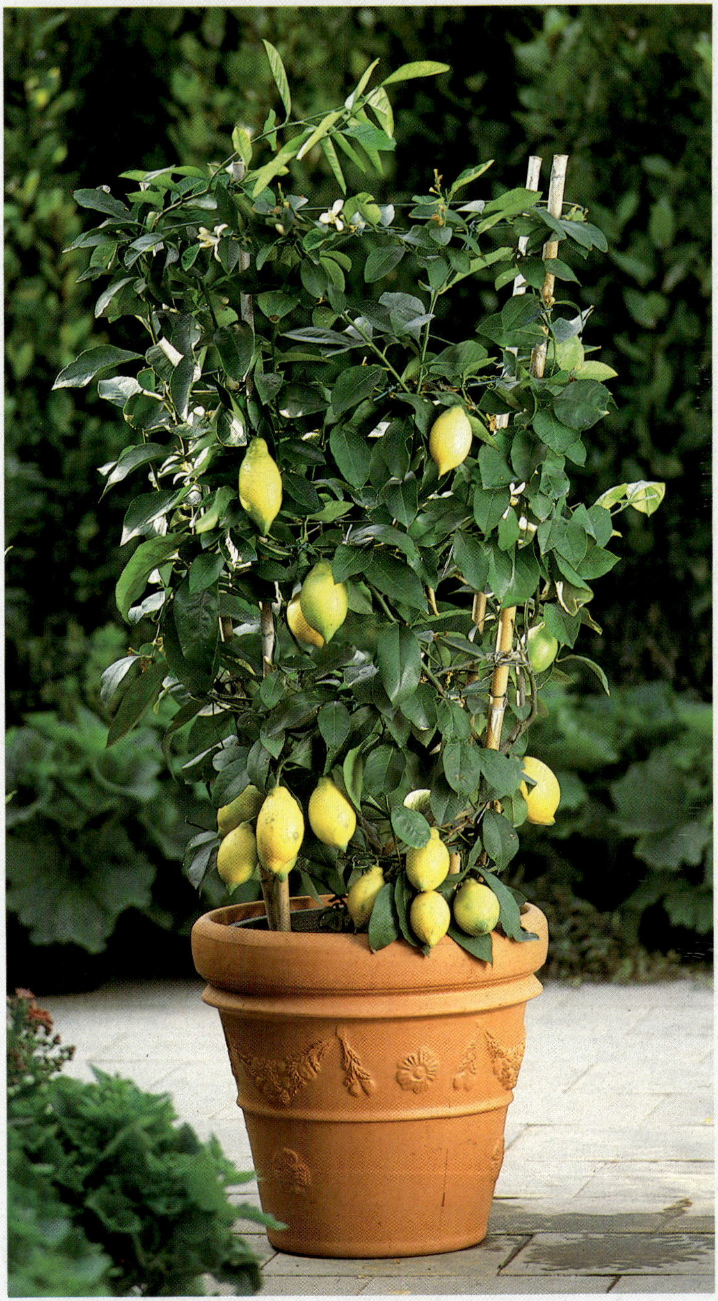

Die Vier-Saison-Zitrone blüht und fruchtet das ganze Jahr über.

Grapefruit, Foto links = reife Frucht, Foto unten = grüne Frucht. Die Früchte der Grapefruitpflanze *(Citrus paradisi)* erreichen eine stattliche Größe. Ein Durchmesser von 12 cm ist nicht selten. Die Früchte wachsen in Trauben. Selbst junge, nur 50 cm große Pflanzen im Kübel fruchten reich. Allerdings sollte man bis auf zwei oder drei kleine Grapefruits die restlichen entfernen, wenn sie nicht ohnehin abfallen. Nur so erlangen die verbleibenden eine ansehnliche Größe. Fälschlicherweise wird diese Obstart oft auch als Pampelmuse bezeichnet. Diese gehören jedoch einer anderen Art *(Citrus maxima)* an. Bei uns ist die aus Israel importierte 20 bis 30 cm große »Pomelo« die bekannteste Vertreterin der Pampel-

Zitrone Lisbon, die ihren Ursprung in Portugal hat, ist eine häufig angebotene Zitronensorte. Sie ist recht tolerant gegenüber niedrigen Temperaturen und zur Kultur im Kübel geeignet. Allerdings sollten die winterlichen Temperaturen nicht in die Nähe des Gefrierpunktes fallen. Die typische zitzenförmige Ausstülpung der Zitronen ist bei der Lisbon ebenso ausgeprägt wie bei der sizilianischen Lunario. Sie wirken dadurch sehr dekorativ.

musen. Sie sind als Kübelpflanzen nur geeignet, wenn ein Gewächshaus oder Wintergarten vorhanden ist. Typisch für Pampelmusenpflanzen sind ihre mit einem zarten Haarflaum bedeckten jungen Triebe und Blätter. Grapefruit- und Pampelmusenpflanzen lieben höhere Temperaturen. Sie gedeihen im Kübel gut, jedoch werden große Früchte sicherer von frei in einem Gewächshaus ausgepflanzten Pflanzen zu ernten sein. Die Früchte sollten erst in reifem Zustand geerntet werden, weil ein Nachreifen kaum erfolgt.

**Vielfalt und besondere
Eigenschaften durch Kreuzung**

Hybriden und Sonstige

Sehr viele Citrusfrüchte entstammen Kreuzungen verschiedener Arten. Sogar Arten unterschiedlicher Gattungen werden gekreuzt, um so Pflanzen mit besonderen Eigenschaften zu erhalten.
Die Dreiblättrige Orange *(Poncirus trifoliata)* gekreuzt mit der Süßen Orange *(Citrus sinensis)* ergibt die Citrange. Hiervon sind verschiedene Sorten bekannt. Von ihnen ist die Rusk Citrange (→ Seite 47) ausgesprochen kälteresistent und produziert genießbare Früchte.
Die beliebte Zierorange Calamondin *(x Citrofortunella mitis)* entstammt

Das Foto oben zeigt: Calamondin, die beliebteste Zierorange, als Hochstämmchen.

einer Kreuzung aus Sauermandarine *(Citrus reticulata var. austera)* und Kumquat *(Fortunella spec.)*. Auch so bekannte Citrussorten wie die Sweety *(C. paradisi x C. maxima)*, Orlando *(C. paradisi x C. reticulata)* und die Temple-Orange *(C. reticulata x C. sinensis)* sind Kreuzungsprodukte. Hybriden werden überwiegend vegetativ durch Veredlung vermehrt. Sie lassen sich nahezu alle gut in Kübeln kultivieren.

Calamondin, Foto rechts, ist die beliebteste, bekannteste und am häufigsten anzutreffende Zierorange (x Citrofortunella mitis). Häufig wird sie noch mit ihren ehemaligen Namen C. mitis, C. microcarpa oder C. madurensis bezeichnet. Sehr interessant und selten angeboten ist x Citrofortunella mitis 'Variegata'.

Calamondin gehören zu den relativ anspruchslosen Citruspflanzen. Sie gedeihen vor einem Zimmerfenster oder im Sommer im Freien an windgeschützter, sonniger Stelle.

In Südostasien wird die bei uns als Zierpflanze kultivierte Art zur Obstgewinnung angebaut. Aus den Früchten werden Saft und Marmelade hergestellt. Dies ist auch mit selbstgezogenen Früchten möglich.

Microcitrus australasica ist eine schöne Pflanze mit kleinen, schmalen Blättern. Die »Australian Finger Lime« wird wegen ihrer hohen Resistenzeigenschaften gegen Krankheiten als Veredlungsunterlage und Kreuzungspartner (»Faustrimedin«) versuchsweise verwandt. Die Art sieht der Myrte (Myrtus communis) wegen ihres zierlichen Blattwerkes sehr ähnlich. Sie liebt wärmere Temperaturen. Die zylindrischen Früchte können über 10 cm lang werden. Ihr Aroma ist zitronenähnlich, jedoch mit terpentinartigem Nachgeschmack.

Alemow (Citrus macrophylla) stammt von den Philippinen. Ihre Zweige tragen kleine, blaßgrüne Blätter und sind stark bedornt. Fruchtbehangen ist sie eine schöne, attraktive Kübelpflanze. Sie gedeiht gut in warmem Klima und kann ganzjährig in einem Wintergarten oder Gewächshaus kultiviert werden. Ihre großen, Pampelmusen ähnlich sehenden bittersauren Früchte haben eine runzelige Schale.

Ugli. Ugli heißt häßlich. Die schmutziggelbe oder -orange Frucht mit der unebenen, oft gefurchten Schale wirkt trotz ihrer »Häßlichkeit« ausgesprochen attraktiv. Da man ihre Herkunft nicht sicher kennt, jedoch annimmt, sie sei ein Hybrid aus Citrus reticulata x Citrus paradisi, wird sie zu den natürlichen Tangelos gerechnet. Aus Jamaica stammend, liebt sie tropisches Klima und sollte im Kübel daher einen entsprechenden Platz im Wintergarten oder Gewächshaus erhalten. Die süßen, saftigen und schmackhaften Früchte sind leicht zu schälen.

Auf den Standort kommt es an

Citruspflanzen sind in der Regel genügsam – den richtigen Standort sollte man ihnen aber bieten können. Was sonst noch vor und beim Kauf zu bedenken ist und wie man sein neues Bäumchen nach Hause transportiert und pflanzt, dazu im folgenden wichtige Tips.

Standortbedingungen

Die meisten Citruspflanzen sind nicht pflegeintensiv. Ihnen muß nur ein günstiger Standort zugewiesen werden. Die klimatischen Bedingungen, also die Einflüsse von Sonne, Regen und Wind in einem begrenzten Raum nennt man Kleinklima. Dieses Kleinklima muß Ihrer Citruspflanze zusagen, nur dann wird sie im Frühjahr üppig blühen und anschließend Früchte tragen.
Das beste wäre natürlich, man könnte die Wachstumsbedingungen schaffen, die in der Heimat der Citrusgewächse vorherrschen. Da dies aber nicht möglich ist, gilt es, einzelne Faktoren möglichst optimal zu gestalten.

Wind

Citruspflanzen sind ausgesprochen windempfindlich. Stehen sie an einem windigen oder zugigen Platz, so leiden sie dadurch erheblich. Junge Triebe verlieren ihre zarten Blätter, die Pflanzen verkahlen, und schließlich trocknen die Triebspitzen ein. Außerdem werden die Pflanzen anfällig für Krankheiten und Schädlinge.

Sonne und Wärme

Besonders gut gedeihen Citrusgewächse bei hohen Temperaturen und direkter Sonneneinstrahlung. Daher können diese Pflanzen nach den letzten Frösten ins Freie und von Mai bis in den Herbst an den wärmsten und sonnigsten Platz gestellt werden.
Wichtig: Wurde die Pflanze an einem nicht so hellen Ort überwintert, so sind die Blätter zuerst empfindlich gegen direkte Sonne und große Hitze. In diesem Fall also im Frühjahr erst einen halbschattigen oder schattigen Platz als Standort wählen, um die Pflanze langsam zu gewöhnen.
Südlagen vor Hausmauern oder in einem Atrium eignen sich besonders gut, weil sie die Wärme des Tages speichern und in der Nacht wieder abgeben. So entsteht ein günstiges, ausgeglichenes Kleinklima.
Nordlagen sowie kalte und immer schattige Plätze sind ungeeignet.
West- und Ostlagen. Stehen nur West- oder Ostlagen zur Verfügung, ist ein zugluftfreier Standort wichtige Voraussetzung.

Mein Tip: Stellen Sie Citruspflanzen nie zu dicht nebeneinander – sie beschatten sich sonst durch ihr umfangreiches Blattwerk gegenseitig.

Der Boden

Der überwiegende Teil der Citruspflanzen zur Kübelkultur wird auf die Dreiblättrige Orange (*Poncirus trifoliata*) veredelt. Da die Unterlage den Wurzelstock bildet, muß das Pflanzsubstrat ihren Bedürfnissen genügen. Die Dreiblättrige Orange liebt sauren Boden und ist empfindlich gegen Kalk. Der günstigste pH-Wert beträgt 5,5 bis 6,5 (→ Das geeignete Pflanzsubstrat, Seite 24).

Citruspflanzen kaufen

Ist man sich über die Frage des richtigen Standorts klar geworden, kann man sich nun seine Citruspflanze kaufen. Aber auch dabei gibt es einiges zu beachten.

Der beste Zeitpunkt für den Kauf

Da Citruspflanzen überwiegend Kübelpflanzen sind, werden sie stets in kleinen oder großen Töpfen (Containern) angeboten. Die günstigste Zeit zum Erwerb ist das Frühjahr, etwa von Februar bis Mai oder Juni. Dann kann man sowohl die Blüte als auch die Ausbildung der Früchte miterleben. Eine optimale Überwinterung hat stattgefunden, die Pflanze ist wüchsig und erfreut mindestens bis zum Herbst.

Ein Platz zum Träumen. ▷
Citruspflanzen, hier ein Hochstämmchen und ein Busch, bringen Urlaubsstimmung auf den Balkon.

Standorte auf einen Blick

Art	Balkon/ Terrasse	Garten (ausge-pflanzt)	Winter-garten/ Gewächs-haus	Verträgt folgende Temperatur	Spezielle Hinweise
Poncirus trifoliata (Dreiblättrige Orange, Bitter-zitrone, Bitterorange)	ja	ja			Ausgepflanzt frost-hart, im Kübel Frost-schutz erforderlich
Fortunella japonica, F. margarita (Kumquat)	ja	ja[1]	ja	0 °C	Ausgepflanzt auch leichten Bodenfrost vertragend
x *Citrofortunella mitis* (Calamondin)	(ja)		ja	10 °C	Wärmeliebend
Citrus aurantiifolia (Saure Limette)	(ja)		ja	10 °C	Sehr wärmeliebend
Citrus aurantium (Pomeranze)	ja		ja	5 °C	Vorsicht, Verletzungs-gefahr an den langen Dornen
Citrus limon (Zitrone)	ja		ja	5 °C	
Citrus maxima (Pampelmuse)	(ja)		ja	10 °C	Sehr wärmeliebend
Citrus medica (Zitronatzitrone)	(ja)		ja	10 °C	Sehr wärmeliebend
Citrus paradisi (Grapefruit)	ja		ja	10 °C	
Citrus reticulata (Mandarine)	ja		ja	5 °C	Sorten unterschiedlich
Citrus sinensis (Apfelsine, Orange)	ja		ja	5 °C	

Erklärungen zur Tabelle: Die Angaben beziehen sich auf die Kulturzeit von Mai bis etwa Oktober, abhängig von den Witterungsverhältnissen.
(ja) = am geschützten Standort.
ja[1] = Pflanze im Kübel oder Gittertopf auspflanzen.
Wichtig: Die angegebene Temperatur sollte auch im Winter nicht unterschritten werden!

Wo kann man Citruspflanzen kaufen?

Citruspflanzen werden überwiegend im Frühjahr von Gartencentern, Baumschulen mit mediterranen Gehölzen und mitunter auch Blumengeschäften angeboten.

Gartencenter sind zumeist Handelsbetriebe, die die Pflanzen im Süden einkaufen und hier weiterverkaufen. Die Beratung beschränkt sich daher oft auf die Informationen, die durch den Zulieferbetrieb erfolgt sind. Es handelt sich dabei in der Regel nur um Angaben über die Art der Pflanze. Befindet sich an ihr aber noch ein Etikett, so kann oft auch die Sorte und die Veredlungsunterlage erkannt werden. In Gartencentern sind meist Apfelsinen, Zitronen und Mandarinen erhältlich.

Baumschulen, die mediterrane Pflanzen führen, haben kein so umfangreiches Gesamtangebot wie Gartencenter, sind aber auf diese Gruppe von Pflanzen spezialisiert. Daher kann man mit einer größeren Anzahl von Arten und Sorten rechnen. In einem spezialisierten Betrieb erfolgt auch die Beratung in der Regel intensiver und informativer. Blumenfachgeschäfte führen hin und wieder Citruspflanzen. Die beliebteste Art ist hier die Calamondin, weil sie bereits als kleine Pflanze reich blüht und fruchtet. Sie paßt daher sehr gut ins Sortiment. Seit einiger Zeit werden kleine Kumquatbäumchen als Zierpflanzen gehandelt. Allerdings ist ihre Pflege schwieriger.

Versandbaumschulen, die auch Citruspflanzen führen, gibt es nur wenige. Diese können aber oft ganzjährig für viele Sorten Bestellungen aufnehmen. Geliefert wird dann zu einer geeigneten oder vereinbarten Zeit. Die Preise sind unterschiedlich. Große Versender bieten oft zwei oder drei gängige Arten als Jungpflanzen an, die durchaus preiswert sein können. Wer jedoch Wert legt auf eine bestimmte Sorte oder Wuchsform, der muß auf spezialisiertere Versandunternehmen zurückgreifen. Solche Betriebe können gelegentlich auch besondere Formen beschaffen. Die Preise liegen dann verständlicherweise höher.

Betriebe, die selbst Citruspflanzen vermehren, können nahezu jeden Sortenwunsch erfüllen, sofern entsprechendes Reisermaterial (→ Seite 49) zur Verfügung steht. Die Jungpflanzen kommen etwa 1 Jahr nach der Veredlung zur Auslieferung. Die Preise müssen abgesprochen werden.

Worauf man beim Kauf achten muß

Citruspflanzen werden in sehr unterschiedlichen Qualitäten angeboten. Damit man eine wirklich gesunde, kräftige Pflanze ersteht, sollte man auf folgendes achten:

Das äußere Erscheinungsbild

- Das Laub der Pflanze sollte sattgrün sein. Sehr hellgrüne, gelbliche Blätter weisen meist auf Nährstoffmangel hin.
- Die Pflanze sollte ihrem Alter entsprechend verzweigt sein. Junge Pflanzen haben zumeist nur einen Haupttrieb und eventuell wenige, kurze Seitentriebe. Wurden junge Pflanzen frühzeitig gestutzt, sind sie zwar stärker verzweigt, jedoch recht klein und haben dünnere Triebe.
- Ältere Pflanzen sollen kräftig, buschig und gut belaubt sein.
- Stammformen sollen eine volle, dichte Krone aufweisen.

Wurzelballen und Substrat

- Citruspflanzen sollten möglichst von Anfang an in Containern gezogen worden sein. Das ist unter anderem zu erkennen an einer gesunden Blattfarbe und einer kräftigen Krone. Die Pflanzen stehen nicht in reinem Lehm. Oft kann das Verkaufspersonal Auskunft geben.
- Der Ballen muß sich gut durchwurzelt in einem durchlässigen Pflanzsubstrat befinden.
- Reine Lehmballen deuten auf eine Feldkultur hin. Diese Pflanzen werden oft rigoros und ohne Rücksicht auf die Wurzeln dem Anzuchtquartier im Freiland entnommen. Vom Kauf wird daher abgeraten.

Veredelte Pflanzen

Veredelte Pflanzen stehen fest im Substrat und brauchen – außer bei starkem Fruchtbehang – keine Stütze. Die Veredlungsstelle ist meist an einem Wulst oder einer Verdickung zu erkennen, die sich am Wurzelhals oder bis zu 10 cm über der Erde befindet. Veredlungen in Kronenhöhe (bei Stammformen) werden selten ausgeführt. Man sollte möglichst nur veredelte Pflanzen kaufen (→ Seite 46). Sie haben gegenüber anders vermehrten Pflanzen zahlreiche Vorteile: Sie blühen und fruchten früher, sind weniger krankheitsanfällig, und man erhält sicher die angegebene Sorte.

Pflanzen aus Stecklingen

Es handelt sich meistens um stecklingsvermehrte Pflanzen, wenn mehrere Triebe aus dem Boden kommen. Außerdem fehlt natürlich die oft für Veredlungen typische Verdickung. Sollen Pflanzen aus Stecklingsanzucht gekauft werden, müssen sie fest im Boden stehen und dürfen keine braunen, trockenen Stellen im unteren Bereich der Triebe zeigen. Dies könnte auf Pilzbefall hindeuten. Calamondin werden häufig als stecklingsvermehrte Pflanzen angeboten.

Transport und Lieferung

Zum Versand oder Transport von Citruspflanzen muß der Wurzelballen oder Topf durch Umwickeln von Papier geschützt werden. Austreibende Pflanzen müssen sehr vorsichtig transportiert werden, da die jungen Austriebe leicht abbrechen. Das gleiche gilt für Pflanzen mit Knospen oder Blüten. Auch diese fallen oft schon bei geringem Anstoßen ab. Haben sich aber schon etwa pflaumengroße Früchte gebildet, so sind diese wesentlich widerstandsfähiger. Sie können ohne weiteres einen Knuff vertragen.

Pflanzen werden geliefert

Werden Citruspflanzen von Versandbaumschulen geliefert, so muß bei ihrer Ankunft folgendes getan werden:

- Da der Transport oft mehrere Tage dauert, sofort gießen.

- Abgeknickte Äste über einer Knospe abschneiden.
- Die Pflanze vorerst an einen halbschattigen, keinesfalls vollsonnigen Platz stellen.

Kultur im Kübel oder im Freiland?

Citruspflanzen lassen sich auf dreierlei Art kultivieren – im Zimmer beziehungsweise Gewächshaus oder Wintergarten, im Kübel und ausgepflanzt im Garten.

Kultur im Zimmer oder Gewächshaus

Zur Zimmerkultur eignen sich besonders Arten, die nicht übermäßig stark wachsen und höhere gleichmäßige Temperaturen lieben (→ Tabelle, Seite 37). Hier sei besonders die Calamondin *(x Citrofortunella mitis)* genannt. Im winterlich temperierten (frostfreien) Gewächshaus können alle Citrusarten ganzjährig kultiviert werden.

Kübelkultur

Pflanzen in Kübeln sind mobil. Sie können kurzfristig umplaziert werden, wenn der Standort nicht mehr zusagt oder die klimatischen Bedingungen dies ratsam erscheinen lassen.

Im Freiland auspflanzen

Die Art *Poncirus trifoliata* ist die einzige unter den Citruspflanzen, die direkt und dauerhaft in den Garten ausgepflanzt werden kann. Sie sollte in den ersten Wintern geschützt werden (→ Seite 34), ist aber winterhart.
Alle anderen Citrusgewächse müssen im Herbst wieder aus der Erde herausgenommen werden und an einem geschützten Platz überwintern. Deshalb sollte beim Auspflanzen nicht der Ballen freigelegt werden, sondern der mit ausreichend Löchern versehene Container beibehalten werden. Sehr gut geeignet sind auch spezielle Gittertöpfe, die verhindern, daß der Ballen bei der Entnahme im Herbst beschädigt wird. Der Vorteil beim Auspflanzen in den Garten ist, daß die Pflanzen häufig stärker wachsen und erheblich pflegeleichter sind.

Das geeignete Pflanzsubstrat

Ein wichtiger Faktor bei der erfolgreichen Kultur von Citrusgehölzen ist die Verwendung des richtigen Pflanzsubstrats. In den Anzuchtgebieten südländischer Baumschulen gedeihen die Pflanzen in fast jedem Boden, weil die klimatischen Bedingungen optimal sind. Bei uns muß der Boden die günstigste Zusammensetzung haben, damit andere fehlende Faktoren wettgemacht werden. Gerade bei Kübelkultur ist die Wahl des richtigen Bodens von größter Bedeutung.

Wie muß der Boden zusammengesetzt sein?

Das Beste, was wir einer Citruspflanze geben können, ist ein nährstoffreicher, humoser und durchlässiger Boden. Dieser kann selbst zusammengestellt werden aus:
Humus (lateinisch: Boden) bildet sich auf der obersten Bodenschicht durch Zersetzung organischer Stoffe. Humus ist besonders nährstoffreich, wasserspeichernd und reagiert durch den Gehalt an Huminsäuren sauer. Durch Kompostieren pflanzlicher Abfälle kann wertvoller Humus gewonnen werden. Gute Gartenerde enthält oft neben Sand und Lehm auch Humus.
Lehm und Ton sind wasser- und nährstoffspeichernd. Ein Anteil hiervon sollte zugesetzt werden.
Sand, am besten normaler Quarzsand, verbessert die Durchlässigkeit schwerer Böden. Er sollte lehmhaltigen Substraten stark beigemischt werden. Der Sand darf jedoch nicht zu fein sein, da er sonst zum Verschlämmen neigt und beim Gießen herausgespült werden kann.

Das richtige Mischungsverhältnis

Es gibt viele unterschiedliche Rezepte zur Herstellung einer guten Citrus-Pflanzerde. Bewährt hat sich folgende Grundmischung:
$3/5$ gute Gartenerde
$1/5$ Humuserde
$1/5$ Sand.
Bei sehr schwerer und lehmhaltiger Gartenerde kann zusätzlich Torf hinzugegeben werden. Bei sehr sandiger Gartenerde wird auf Sand verzichtet, hier kann der Kompostanteil erhöht werden. Auch 10 bis 20% Lehm kann der Mischung zugefügt werden, wenn es sich um ein sehr leichtes, sandiges Substrat handelt.

Was bei selbsthergestelltem Kompost zu beachten ist

Wird selbsthergestellter Kompost verwendet, muß er ausgereift sein. Er soll eine einheitliche, krümelige Struktur aufweisen. Außerdem ist vorheriges Dämpfen zu empfehlen, um so mögliche pflanzenschädigende Würmer, Pilzsporen und Unkrautsamen abzutöten. Zu diesem Zweck gibt es spezielle Dämpfgeräte, bei denen sehr heißer Wasserdampf das Substrat sterilisiert. In kleinem Rahmen kann Erde auch in einem Gefäß im Backofen keimfrei gemacht werden. Erforderlich ist hierzu etwa 20 Minuten lang eine Temperatur von 120 bis 150 °C.

Pflanzerde zum Kaufen

Qualitativ hochwertige Pflanzerde zum Kaufen kann zur Kultur von Citruspflanzen verwendet werden. Die Erde darf allerdings nicht nur aus wenig gut gemischtem Torf bestehen, wie dies bei billigen Pflanzsubstraten oft der Fall ist. Der gekauften, hochwertigen Pflanzerde kann 20% Sand oder auch, wenn vorhanden, Lehm zugesetzt werden. Der pH-Wert (meist auf dem Beutel vermerkt) sollte zwischen 5,5 und 6,5 liegen.

Kumquats lassen sich gut zum Bonsai gestalten.

Ausgepflanzte Citrusgehölze
Dauerhaft im Freien ausgepflanzte Citrusgewächse wie die Dreiblättrige Orange oder in Gittertöpfen ausgepflanzte Arten sollen in guter, nährstoffreicher, leicht saurer Erde wachsen. Ein Mulchen mit Kompost oder gut abgelagertem Pferdemist ist von ausgezeichneter Wirkung auf das Gedeihen der Pflanzen. Auch alten Citruspflanzen in großen Behältern sollte man eine Mulchdecke geben.

Wann umgetopft werden muß
Die neuen Citruspflanzen stehen meistens in kleinen Töpfen oder Kübeln, weil sie so kostengünstiger transportiert werden können. Die Weiterkultur in diesen kleinen Gefäßen ist jedoch nicht ratsam, weil sich die Pflanzen nicht gut entwickeln können und man mit dem Gießen und Düngen in Kleinstmengen kaum nachkommt. Die Ballen von ballierten (= mit Ballen versehenen) Citruspflanzen sind aus den gleichen Gründen von so geringem Umfang, daß die Pflanzen

darin oft gerade den Transport und eine kurze Lagerzeit überstehen. Auch selbstgezogene Jungpflanzen werden in kleinen Gefäßen (→ Seite 38) kultiviert, damit die Wurzeln den Ballen durchwachsen.

Die Größe des neuen Pflanzgefäßes
Alle oben genannten Pflanzen sollten in nur wenig größere Töpfe umgetopft werden, damit das zusätzliche Substrat gut durchwurzelt wird. Der Durchmesser der neuen Gefäße sollte etwa 4 bis 10 cm mehr betragen.

Pflanzung im Kübel

Pflanzen, deren Ballen gut durchwurzelt sind, können jederzeit umgetopft werden. Die Idealzeit ist
allerdings kurz vor dem ersten Jah-
restrieb. Das sind, je nach Kulturbedingungen, die Monate Februar bis
Mai. Nun beginnt mit dem Trieb-
auch das Wurzelwachstum. Die neu-
en Wurzeln können gleich in die neue
Erde eindringen und der Pflanze zu
einem guten Start verhelfen.

Vorbereiten des Pflanzgefäßes

Soll ein gebrauchter Kübel verwendet werden, ist er zuvor gründlich
zu reinigen. Neue Terracottagefäße
werden vor der Verwendung einige
Zeit gewässert, damit eventuell vorhandene Salze gelöst und fortge-
spült werden. Auch saugen sich die
Poren des Tones mit Wasser voll
und entnehmen diese Feuchtigkeit
später nicht dem Pflanzsubstrat.

So werden die Pflanzen angeboten
Zeichnung 1

Die neu erstandenen Citruspflanzen
müssen meist gleich umgetopft
werden – aber zuerst gilt es, sie aus
ihren engen Gefäßen zu befreien.
Pflanzen mit Ballen: Ballierte Pflanzen werden gelegentlich von
Gartencentern oder Baumschulen
angeboten. Auch während des
Urlaubs in südlichen Ländern kann
man solche Pflanzen erstehen.
Zum Eintopfen wird zuerst die Bal-
lenverpackung entfernt. Dieses muß
vorsichtig geschehen, damit nicht
das ganze Erdreich abfällt und dabei
die feinen Wurzeln abgerissen werden. Oft sind ballierte Citruspflanzen durchzogen von 2 bis 3 cm breiten Polyethylen-Streifen, die den
Ballen zusammenhalten sollen.

1   Vor dem Umtopfen muß der Wurzelballen freigelegt werden – durch
Aufschneiden der Kunststoffstreifen, Auftrennen des Folienbeutels oder
Entnehmen aus dem Topf.

Diese muß man aufschneiden und
vorsichtig aus dem Ballen heraus-
ziehen.
Pflanzen in Folienbeuteln: Auch in
schwarzen Kunststoff-Folienbeuteln
werden Citruspflanzen kultiviert
und gehandelt. Die Beutel werden
vor dem Umtopfen mit einem
scharfen Messer aufgeschnitten und
vom Ballen abgenommen.

2   So läßt sich die Pflanze leichter
aus dem Topf ziehen.

Pflanzen in Töpfen: Wurden die
Pflanzen in Kunststofftöpfen kultiviert, können sie mitsamt dem
durchwurzelten Ballen recht einfach
herausgezogen werden. Etwas
schwieriger kann es werden, wenn
es sich bei dem Gefäß um einen Ter-
rakottatopf handelt. Hier muß unter
Umständen vorher gegossen werden, um den Ballen zu durchfeuchten. So vorbehandelt löst er sich
leichter.

Lösen aus dem Topf
Zeichnung 2

Sitzt die Pflanze sehr fest in ihrem
Anzuchttopf, muß trotzdem behut-
sam vorgegangen werden, um die
Wurzeln nicht zu beschädigen. Ein
guter Trick ist, den Topf leicht auf
einer Tischkante aufzuschlagen.
Danach läßt sich die Pflanze leicht
aus dem Topf ziehen.

Das Einpflanzen in den Kübel
Zeichnung 3

Vor dem Pflanzen wird über die Abzugslöcher eine Tonscherbe gelegt. Dann wird in den Topf eine 2 bis 5 cm hohe Drainageschicht aus grobem Kies, kleinen Steinen oder Tonscherben geschüttet. Darauf wird die Pflanzerde (→ Seite 24) gegeben. Nun wird die Citruspflanze mit ihrem Ballen hineingestellt. Der äußere Bereich des Ballens sollte zuvor etwas gelockert werden. Anschließend wird der Zwischenraum mit Erde aufgefüllt und vorsichtig mit den Fingern oder einem Holzstab angedrückt. Die Citruspflanze soll nicht tiefer eingepflanzt werden als sie vorher stand. Andernfalls können leicht Pilzinfektionen am Wurzelhals auftreten.

Die Pflanzscheibe befindet sich am besten 1 bis 2 cm unter der oberen Topfbegrenzung, weil dadurch das Gießen erleichtert wird. Bei größeren Kübeln (über 10 l Volumen) kann vom Topfrand ausgehend bis etwa 6 bis 10 cm vor dem Stamm eine 2 cm tiefe Gießmulde angelegt werden. Hierdurch bleibt der Wurzelhals auch nach dem Gießen recht trocken, was besonders stecklingsvermehrten Citruspflanzen (→ Seite 41) guttut.

Direktpflanzung in den Garten

Ist beabsichtigt, die Dreiblättrige Orange *(Poncirus trifoliata)* in den Garten direkt auszupflanzen, sollte der Pflanzbereich entsprechend vorbereitet werden. Der Boden muß humos und durchlässig sein. Der pH-Wert soll bei 5,5 bis 6,5 liegen. Er kann gesenkt werden durch Einarbeiten von saurem, humosem Boden in den Aushub. Bei staunassem Boden muß unbedingt zuvor in das Pflanzloch eine Drainageschicht eingearbeitet werden, um für einen Wasserablauf zu sorgen.

Das Einpflanzen im Garten, Wintergarten oder Gewächshaus
Zeichnung 4

Die Pflanzgrube sollte das drei- bis vierfache Volumen des Ballens haben. Der untere Bereich wird wieder aufgefüllt mit lockerem Aushub oder einer Mischung daraus mit Humuserde. Der äußere Ballenbereich der Pflanze wird aufgelockert, ohne dabei die Wurzeln zu beschädigen. Anschließend wird sie eingepflanzt und angegossen. Besonders bei sehr trockenem Boden sollte ein Gießrand angelegt werden.

Die erste Düngung erfolgt etwa 3 bis 4 Wochen nach dem Pflanzen, wenn dem Substrat zuvor kein

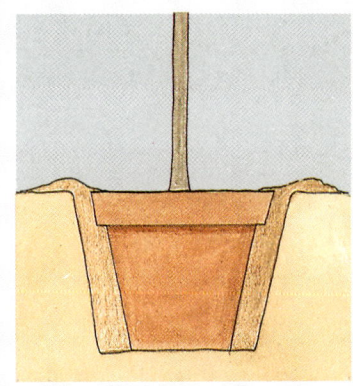

5   Auspflanzen nicht winterharter Pflanzen mit Topf im Garten.

Dauerdünger (→ Seite 29) untergemischt wurde.

Nicht winterharte Citruspflanzen im Garten
Zeichnung 5

Sollen frostempfindliche Citruspflanzen nicht im Wintergarten, sondern im Freien ausgepflanzt werden, müssen diese 3 Punkte berücksichtigt werden:

1. Geeignet im Garten ist nur ein windgeschützter sonniger Platz.
2. Die Pflanze sollte im Kübel oder in einem speziellen Gittertopf (→ Seite 24) in das vorbereitete Pflanzloch gestellt werden. Auch hier muß unter Umständen eine Drainageschicht aus Tonscherben oder Kies angelegt werden, um stauende Nässe auszuschließen.
3. Rechtzeitig im Herbst vor den ersten Frösten müssen die Pflanzen dem Boden entnommen und ins Überwinterungsquartier gebracht werden.

Mein Tip: Junge Citruspflanzen können im Sommer auch ohne Topf an günstiger Stelle im Garten kultiviert werden. Sie entwickeln sich dort oft schneller und kräftiger, müssen im Herbst jedoch vorsichtig mit Ballen ausgehoben und in einem Topf überwintert werden.

3   Pflanze in den größeren Topf stellen und Erde leicht andrücken.

4   Pflanze in das vorbereitete Pflanzloch setzen.

So blüht und fruchtet es üppiger

Citrusgehölze, in erster Linie Kübelpflanzen, sind auf Ihre Pflege angewiesen. Wasser und Nährstoffe können sie sich nicht aus den tieferen Regionen des Bodens holen. Es muß oft genug und richtig gegossen und gedüngt werden. Auch der Griff zur Schere ist dann und wann vonnöten.

In der freien Natur können sich Citruspflanzen durch Ausbildung langer Wurzeln auch aus entfernter und tiefer liegenden Bereichen des Bodens mit dem lebensnotwendigen Wasser und Nährstoffen versorgen. Im Pflanzkübel haben sie diese Möglichkeit nicht, daher muß man auf die Pflege dieser Pflanzen ein besonderes Augenmerk richten. Eigentlich müßten bei der Gabe von Wasser und Nährstoffen die Größe des Kübels, das Alter und Volumen der Pflanze und die Jahreszeit berücksichtigt werden, um nur einige Aspekte zu nennen. Der Hobbygärtner ist hier überfordert. Aber mit einigen Faustregeln sowie der steten Beobachtung seiner Pflanze, die Mangelerscheinungen deutlich anzeigt, gelingt auch ihm die erfolgreiche Kultur seiner Citruspflanzen.

Richtig gießen

Während der Wachstumsphase – also etwa von April bis September – muß regelmäßig gegossen werden. Die beste Tageszeit hierfür ist der frühe Morgen oder der späte Nachmittag.

Womit gießen?

Am besten eignet sich Regenwasser, aber auch Leitungswasser ist geeignet, wenn es nicht zu hart (kalkhaltig) ist. Auskunft über die Wasserhärte gibt das Wasserwerk. Zum Gießen Ihrer Citruspflanzen sollten 20°dH (deutsche Härte) allerdings nicht überschritten werden.

So wird gegossen

Soll härteres Wasser zum Gießen verwendet werden, muß es zuvor weicher gemacht werden. Hierzu wird etwa ½ l reiner Torf in ein feinmaschiges Netz oder Stofftuch gewickelt. Man hängt diesen Torfsack nun 2 Tage in eine 10 bis 13 l fassende, mit Leitungswasser gefüllte Gießkanne. Der Torf entzieht dem Wasser den schädlichen Kalk. Aber auch einige Spritzer Essig im Gießwasser erzielen eine ähnlich gute Wirkung.

Wie oft gießen?

Ein Austrocknen des Substrats muß unbedingt vermieden werden, um die Pflanze nicht zu schädigen.

Faustregel: Gießen ist spätestens erforderlich, wenn der obere Bereich der Erde trocken ist (je nach Topfgröße etwa 2 bis 4 cm). Es empfiehlt sich also die berühmte »Fingerspitze« als Probe.
Wichtig: Staunässe ist gefährlich. Die feinen Wurzelspitzen leiden darunter und zersetzen sich, so daß die Pflanze nur noch schlecht weiterwächst oder sogar eingeht. Besonders gefährdet sind Pflanzen in einem geschlossenen Übertopf. Hier muß nach dem Gießen oder nach Regenschauern stets kontrolliert werden.

Was tun bei zu trockenem Substrat?

Sollte der Boden doch einmal zu trocken geworden sein, so reagiert die Pflanze durch Einrollen der Blätter. Dies ist aber kein Grund zur Panik – und auf jeden Fall weniger schädlich als Staunässe. Der zu trockene Boden muß nun gut durchfeuchtet werden. Zu diesem Zweck stellt man den Kübel in einen größeren Behälter und gießt kräftig. Das durchlaufende Wasser sammelt sich am Boden und kann die Erde langsam von unten durchfeuchten. Die Pflanze sollte mindestens 30 Minuten, aber nicht länger als 2 Stunden in diesem Wasserbad bleiben.

Düngen im richtigen Maß

Für ein gutes und gesundes Wachstum benötigen Citruspflanzen während der Wachstumszeit verschiedene Nährstoffe. Zu Beginn der Wachstumsphase sollten sie zum ersten Mal mit einem Volldünger, der auch Spurenelemente enthalten muß, versorgt werden. Die weiteren Düngegaben sind zwar von Größe und Zustand der Pflanze abhängig, aber als Faustregel gilt: Während der Wachstumszeit einmal die Woche flüssig düngen. Blaukorn oder ähnliche feste Volldünger werden am besten vorher aufgelöst (etwa 5 cm³ auf 10 l Gießwasser).

Die Calamondin ist die bekannteste Citruspflanze für die ganzjährige Kultur im Zimmer.

Mineralische Dünger

Schnell verfügbar und damit auch schnell wirksam sind mineralische Dünger. Sie müssen jedoch sehr zurückhaltend angewendet werden, damit keine verbleibenden Reste den Boden versalzen und die Pflanze schädigen.

Konzentrierte Flüssigpräparate sind besonders zu empfehlen, weil sie nach der vorgeschriebenen Verdünnung mit Wasser problemlos ausgebracht werden können. Einige Düngemittel werden auch über die Blätter aufgenommen. Diese Mittel sollten aber nicht bei Sonnenschein verabreicht werden, da sie leicht zu Blattschäden durch Verbrennung führen können.

Auf den Boden zu streuende Volldünger wie Nitrophoska spezial (Blaukorn), Nitrophoska extra und Rustica sind zum Düngen von Citruspflanzen geeignet, die im Kübel oder frei ausgepflanzt im Wintergarten wachsen. Die Aufwandmenge erfolgt nach Vorschrift. Flüssigpräparate sind wegen der leichteren Handhabung allerdings vorzuziehen.

Depotdünger wie Plantosan 4 D, Plantocote, Oscomote, Triabon und Nitrophoska permanent stellen eine echte Vereinfachung dar. Sie werden einmalig im Frühjahr auf den Boden gestreut (etwa 5 g/1 l Pflanzerde oder 200 g/m^2). Die Depotdünger versorgen die Pflanze nun 4 bis 9 Monate lang mit mineralischem Dünger. Hier muß aber auf regelmäßiges Gießen geachtet werden, weil der Transport der Nährstoffe nur bei feuchtem Substrat funktioniert. Außerdem muß bei der Auswahl des geeigneten Depotdüngers bedacht werden, daß nur bis etwa September überhaupt gedüngt werden soll.

Organische Düngemittel
Organische Dünger sind im Gegensatz zu mineralischen oft nicht sofort verfügbar. Sie verbessern jedoch die Bodenstruktur und sind besonders bei regelmäßiger Anwendung zu empfehlen.
Pferdemist wurde schon in den Orangerien des vorigen Jahrhunderts mit Erfolg angewendet. Und auch heute noch ist im Frühjahr ein Abdecken großer Pflanzkübel mit gut abgelagertem Pferdemist sehr zu empfehlen. Bei solcher Mulchschicht trocknet der Ballen wesentlich langsamer aus und eine gute Nährstoffversorgung ist auch gewährleistet.
Im Handel befindliche organische Düngemittel können der Pflanzerde beigemischt oder auf den Boden gestreut werden. Folgende wichtige Präparate werden angeboten:
- Hornspäne, Hornmehl = Stickstoffdünger (Förderung des vegetativen Wachstums).
- Blutmehl = Stickstoffdünger (Förderung des vegetativen Wachstums).
- Knochenmehl = Phosphordünger (Förderung der Blütenbildung und des Fruchtens).
- Getrockneter Rindermist = Universaldünger, Kalidünger (Förderung des Wachstums).
- Hühnermist = Universalmittel (Förderung des Wachstums).
- Guano = Universaldünger (Förderung des Wachstums).

Das Fördern von Blüten und Früchten
Es gibt verschiedene Methoden und Möglichkeiten, das Blühen und Fruchten von Citruspflanzen zu fördern. Manches, wie das Abwerfen der Blätter im Winter, geschieht sogar ganz ohne unser Zutun.

Einfluß der Düngung auf die Blütenbildung
Eine stark stickstoffbetonte Düngung kann einen kräftigen Wuchs von Citruspflanzen auslösen, dieser geht jedoch auf Kosten der Blühwilligkeit. Verhaltene Stickstoffgaben mit einem phosphorbetonten Dünger oder dem Zusatz eines reinen Phosphordüngers fördern die Ausbildung von Blüten und das Fruchten. Geeignet ist hier vor allem Knochenmehl, das auf die Erde gestreut oder dem Pflanzsubstrat beigemischt wird. Auch Thomasmehl ist zu empfehlen. Dieses Mittel steigert durch seinen stärkeren Kalkgehalt allerdings den pH-Wert des Bodens und sollte daher nur bei besonders saurem Boden angewandt werden.

Wenn Citruspflanzen im Winter die Blätter verlieren
Citruspflanzen sind immergrün. Das bedeutet jedoch nicht, daß die Blätter immer an den Zweigen verbleiben. Die Blätter von Citruspflanzen werden nach 2 bis 3 Jahren abgestoßen. Aus den Knospen in den Blattachseln wachsen dann neue Triebe, deren Blätter die abgeworfenen ersetzen. Wegen der Zeitspanne von 2 bis 3 Jahren befinden sich stets Blätter unterschiedlichen Alters an den Pflanzen.
Bei recht trockener Überwinterung neigen manche Citrusarten in unserem Klimabereich dazu, einen Großteil oder sogar sämtliche Blätter abzuwerfen. Manche Kübelpflanzenfreunde sind dann entsetzt und versuchen, diesem vermeintlichen Schaden mit völlig falschen Mitteln

zu begegnen. Gießen oder Düngen wäre aber völlig falsch und könnte die Pflanze sogar vernichten. Der winterliche Abwurf der Blätter ist durchaus kein Grund zur Beunruhigung.

Laubabwurf – eine »passive« Blütenförderung
Werfen Citruspflanzen im Winter ihr Laub ab, so wirkt sich dieses Phänomen auf die Blütenbildung im Frühjahr ausgesprochen positiv aus. Die kahlen Citruspflanzen werden wie üblich bei niedrigen Temperaturen und fast trockenem Boden überwintert. Im Frühjahr, bei steigenden Temperaturen, kräftigerem Licht, aber auch durch die »innere Uhr« der Pflanzen, zeigt sich der Neuaustrieb häufig mit der Bildung einer Vielzahl von Blütenknospen. Erst danach setzt das Trieb- und Blattwachstum ein. Eine tiefe Winterruhe in blattlosem Zustand wirkt sich besonders bei Zitronen stark blütenfördernd aus.

Der »Verdelli«-Prozeß
In manchen Gebieten, zum Beispiel auf Sizilien, wird diese Eigenart beim Anbau von Citrusgewächsen ausgenutzt: Beim sogenannten »Verdelli-Prozeß« werden Zitronenbäume im Sommer durch eine strikte längere Bewässerungspause in eine Ruhezeit genötigt, woraufhin die Pflanze zu einer zu diesem Zeitpunkt unüblichen Blütenanlage angeregt wird. Nach Beendigung der Bewässerungspause beginnen die Bäume reich zu blühen und zu fruchten. Diese Pflanzen tragen im nächsten Sommer viele, meist grüngelbe Früchte (»Verdelli-Zitronen«).

Tiefbinden von Ästen
Durch das Tiefbinden von Ästen und Zweigen kann die Blütenbildung angeregt werden. Dieses Verfahren wird im heimischen Obstbau angewandt. Auch der vegetative

Die Blüten von Citruspflanzen duften angenehm.

Citruspflanzen blühen und fruchten zugleich.

Zuwachs wird hierdurch gebremst, die Bäume bleiben also kleiner, was bei Kübelkultur von Vorteil sein kann. Wird dieses Verfahren an Citruspflanzen angewandt, darf keinesfalls gleichzeitig stickstoffbetont gedüngt werden. Sonst könnte das Gegenteil von dem eintreffen, was gewünscht wurde: Aus den oben liegenden Knospen des nach unten gebogenen Zweiges wachsen kräftige Triebe, die wasserschoßähnlich ohne Blütenansätze in die Höhe schießen.

Frühfruchtende Sämlingspflanzen

Wie im ersten Kapitel beschrieben, werden neue Citrussorten über Sämlinge bestimmter Elternpflanzen gezüchtet. Da der Ertrag und damit die Erkenntnis über die Qualität der Neuzüchtung oft erst nach vielen Jahren erfolgt, werden Triebteile der Pflanze auf schwachwüchsige Unterlagen veredelt. Auf diese Weise wird das erste Blühen und Fruchten verfrüht. Auch selbstgezogene Citrussämlinge können veredelt werden. Bei Verwendung der Dreiblättrigen Orange als Unterlage kann es dann schon nach 2 Jahren zur Blüte kommen.

Ausdünnen der Früchte

Einige Citrusarten neigen zu sehr reichem Fruchtansatz (zum Beispiel Chinotto). Hier sollte ausgedünnt werden, wenn die Früchte etwa erbsengroß sind. Nicht vorher, weil die Pflanze oft selbst einen Teil der Früchte abstößt. Blühen und fruchten bereits sehr junge Pflanzen, entledigen sie sich oft ihrer gesamten erst stecknadelkopfgroßen Früchte.

Ausfärbung der Früchte

Zur guten Ausfärbung von Citrusfrüchten ist eine Periode mit nächtlich niedrigeren Temperaturen erforderlich (unter 16 °C). Orangen und Zitronen aus dem Mittelmeergebiet sind von ansprechender Färbung, weil zur Haupterntezeit im Winter recht niedrige Temperaturen herrschen.

Citrusfrüchte aus Regionen mit sehr warmen Wintern und tropischem Klima bleiben meist grünlich und nehmen nur wenig die typische Fruchtfärbung an. So sind Verdelli-Zitronen im Reifezustand oft noch grün oder grüngelb, weil im Sommer auf Sizilien gewöhnlich auch nachts die Temperaturen recht hoch sind. Die Fruchtqualität wird dadurch nicht beeinträchtigt.

Citruspflanzen schneiden

Um attraktive Kübelpflanzen zu erhalten, müssen die Pflanzen von Anfang an geschnitten werden. Die Schnittarbeiten bei Citruspflanzen sind zwar nicht aufwendig, sollten jedoch regelmäßig durchgeführt werden.

Warum geschnitten werden muß

Werden Citruspflanzen nicht beschnitten, wachsen sie so, wie es nach ihrer genetischen Veranlagung in Verbindung mit der Topfgröße und Nährstoffversorgung möglich ist. Im oberen Bereich langer Triebe entstehen nach einigen Jahren Blüten und Früchte. Die Triebe werden durch das Gewicht der Früchte nach unten gebogen. An den nach oben weisenden Knospen entstehen erneut kräftig wachsende Triebe (»Wasserschosse«), die den unteren Bereich der Krone zusätzlich beschatten. So entstehen sparrige Pflanzen, die nur kleinste Früchte ausbilden und zudem im unteren Bereich der Äste verkahlen.

Das richtige Werkzeug

Zeichnung 1
Für die Schnittarbeiten sollten Sie eine scharfe Schere benutzen, die weder drücken noch quetschen darf.

Schnitt der Jungpflanze

Die Jungpflanze bildet zunächst einen geraden, unverzweigten Trieb. Im ersten Jahr wird er eine Länge von 20 bis 80 cm erreichen, bei sehr günstigen Kulturbedingungen auch mehr.

Heranziehen eines Stämmchens mit Krone

Zeichnung 2 links
● Im Winter, beziehungsweise Frühjahr, kurz vor dem Austrieb der einjährigen Citruspflanze, wird ihre Spitze 5 bis 6 Augen über dem gewünschten unteren Kronenbeginn abgeschnitten.
● Gestäbt wird, wenn der Trieb sehr dünn ist und umbiegen könnte.
● Hat der Austrieb im vorausgegangenen Jahr noch nicht die gewünschte Höhe erreicht, muß ein weiteres Jahr kultiviert werden. Hierzu wird – wenn der Austrieb sehr kräftig war – die Weiterkultur aus der oberen Knospe durchgeführt. War der Austrieb schwächlicher, wird er um 1/3 oder 1/2 zurückgeschnitten. Das oberste austreibende Auge wird als Stammverlängerung weiterkultiviert.

Zeichnung 2 rechts
Austriebe am Stamm werden nicht vollständig weggeschnitten, sondern vorerst nur auf 2 bis 4 Blätter eingekürzt. Durch die zusätzliche Versorgung der Pflanze mit Assimilaten aus diesen verbleibenden Blät-

1 Bei Schnittarbeiten soll die glatte, schneidende Klinge der Schere zur Pflanze weisen.

tern wird das Dickenwachstum des Triebes angeregt. Spätestens nach 3 Jahren werden die kurzgehaltenen Seitentriebe ganz fortgeschnitten.
● Nach dem Anschnitt der Krone wachsen im folgenden Jahr aus den obersten Knospen 3 bis 5 Triebe, aus denen die Krone entsteht. In den folgenden 2 bis 3 Jahren werden die neugewachsenen Kronentriebe jeweils um etwa die Hälfte eingekürzt. Die Anzucht eines Kugelbäumchens ab dem Zeitpunkt der Veredlung kann 5 bis 6 Jahre dauern.

2 Zur Formierung der Krone Pflanze zurückschneiden (links). Später die Austriebe am Stämmchen bis auf 2 bis 4 Blätter einkürzen (rechts).

Heranziehen eines Busches

Soll die Citruspflanze als Busch gezogen werden, wird der einjährige Austrieb auf 5 bis 7 Knospen zurückgeschnitten. Die im Folgejahr wachsenden Triebe werden auf ⅔ ihrer Länge über einem nach außen zeigenden Auge gekappt, damit die neuen Triebe nicht in die Pflanze hineinwachsen. Der Busch ist nach etwa 3 Kulturjahren ab der Veredlung fertig und ansehnlich.

Entspitzen

Einige Citrusarten neigen bei guter Nährstoffversorgung zur Bildung einzelner starkwachsender Triebe, die aus der Krone beziehungsweise dem Busch herauswachsen und damit die Form verunzieren würden. Hierzu zählen die Zitrone (Citrus limon), die Zitronatzitrone (Citrus medica) und die Minikumquat (Fortunella hindsii). Zeigt sich im Verlaufe der Vegetationsperiode die Ausbildung eines stark wachsenden Triebes, sollte dieser sogleich entspitzt werden. Dadurch wird er zur Verzweigung angeregt. Man darf mit dem Entfernen solcher Triebe nicht bis zur üblichen Schnittzeit im Winter/Frühjahr warten, weil der Trieb bis dahin schon erhebliche Ausmaße angenommen haben kann und nach seinem Entfernen eine unansehnliche Lücke hinterließe.

Auch die Calamondin, die am Zimmerfenster kultiviert wird und nahezu das ganze Jahr über wachsen kann, wird durch Entspitzen klein und buschig gehalten.

Formierung
Zeichnungen 3 und 4

Citruspflanzen sind sehr dekorativ, wenn sie mit formierter Krone kultiviert werden. Eine typische Form ist die Rundkrone.

Im Frühjahr, vor dem Triebbeginn, muß die Pflanze stets wieder in Form geschnitten werden. Dazu

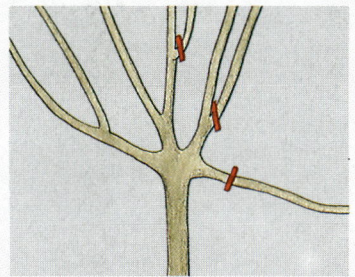

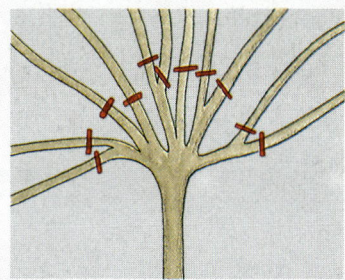

3 Störende Triebe werden aus der Krone oder von Büschen weggeschnitten.

werden die im Vorjahr gewachsenen Triebe um ⅓ bis ⅔ ihrer Länge zurückgenommen, ohne Rücksicht auf eventuelle Blütenansätze oder Fruchtbehang.

Rückschnitt
Zeichnung 5

Sehr stark wachsende oder lange nicht beschnittene Pflanzen müssen aus praktischen und optischen Gesichtspunkten zurückgeschnitten werden. Besonders die Zitrone neigt zur Ausbildung einzelner langer Triebe, wobei jedoch nur der jeweils

4 Beim Formieren auf Blüten und Früchte keine Rücksicht nehmen.

5 Verkahlte, unansehnliche Pflanzen können bis ins alte Holz zurückgeschnitten werden.

obere Triebbereich beblättert, der untere aber kahl ist. Solche Pflanzen nehmen übermäßig viel Platz ein. Frei ausgepflanzt im Gewächshaus oder Wintergarten tritt diese Erscheinung sehr ausgeprägt auf. Kübelpflanzen sind dann wenig attraktiv; zudem ist das Überwintern wegen der sparrigen Krone mit großem Platzbedarf verbunden. In solchen Fällen ist ein winterlicher Rückschnitt bis ins alte Holz notwendig. Die Schnittstellen müssen mit einem Wundverschlußmittel verstrichen werden, um Infektionen vorzubeugen. Am optimalen Standort und bei guter Nährstoffversorgung werden so behandelte Pflanzen bereits im selben Jahr eine kleine, ansehnliche Krone zurückerhalten.

Minimalschnitt

In Buschform gezogene Citruspflanzen brauchen erheblich weniger Schnittmaßnahmen. Hier kann es genügen, im Frühjahr vorm Austrieb die störenden Äste und Triebe fortzuschneiden. Auf eine bestimmte Wuchsform braucht keine Rücksicht genommen zu werden.

Die frei ausgepflanzte Dreiblättrige Orange(Poncirus trifoliata) bedarf keines Schnittes. Störende Triebe werden im Winter entfernt.

Überwintern ohne Probleme

Winterquartier für Citruspflanzen

In den Wintermonaten benötigen Citruspflanzen nicht nur einen neuen Standort, sondern es ändern sich auch die Pflegemaßnahmen. Was Sie wissen müssen, um Ihre Pflanzen über den Winter zu bringen, erfahren Sie auf den folgenden Seiten.

Unterschiedliche Ansprüche ans Winterquartier

Die meisten Citruspflanzen sind Arten der drei Gattungen *Citrus*, *Fortunella* und *Poncirus*. Die verschiedenen Arten sind hinsichtlich ihrer Überwinterungsansprüche recht unterschiedlich. So ist die Dreiblättrige Orange *(Poncirus trifoliata)* in vielen Gebieten Nordeuropas winterhart. Leichter Frost, der von Pflanzen der Gattung *Fortunella* ohne Schaden vertragen wird, vernichtet die Saure Limette. Diese Pflanze *(Citrus aurantiifolia)* leidet bei Temperaturen unter 5 °C bereits erheblich.

Ausgehend von diesen Gegebenheiten kann man die Citruspflanzen in drei Gruppen einteilen, für die unterschiedliche Überwinterungsbedingungen erforderlich sind. Informieren Sie sich in der Tabelle auf Seite 37. Dort können Sie ablesen, wie Sie Ihre Citruspflanzen überwintern können.

Überwintern im Garten

Citruspflanzen der Gruppe I (→ Tabelle, Seite 37) können an einer windgeschützten, warmen Stelle im Garten frei ausgepflanzt werden. Im Winter ist hier in den ersten Jahren aber wichtig, die Wurzeln vor Frostschäden zu schützen. Am besten deckt man den Boden mit einer etwa 10 cm dicken Schicht aus Stroh, Tannen- oder Fichtenreisig ab.

Der oberirdische Teil junger Pflanzen sollte ebenfalls mit ähnlichem Material abgedeckt werden. Nach etwa 3 Jahren sind solche Vorsichtsmaßnahmen nur noch bei extremen Frösten notwendig.

Überwintern im kühlen Raum

Ein kühles, gut gelüftetes Überwinterungsquartier mit Temperaturen zwischen 5 bis 10 beziehungsweise 12 bis 16 °C (→ Tabelle, Seite 37), ist für die meisten Citruspflanzen ideal.

Die Kübelpflanzen sollten vor den ersten Nachtfrösten eingeräumt werden, das ist meistens ab Ende September der Fall.

Überwintern im geheizten Wohnraum

Kleinere Pflanzen der in Gruppe III (→ Tabelle, Seite 37) aufgeführten Arten können auch auf einer Fensterbank im Wohn- oder Schlafzimmer den Winter verbringen. Große Fensterfronten ermöglichen sogar das Überwintern älterer, ausladender Pflanzen.

Bei einer Überwinterung in einem Raum mit höheren Temperaturen muß allerdings ein besonders heller Standort gewählt werden. Ist das Licht nicht ausreichend, muß mit einer geeigneten Pflanzenleuchte nachgeholfen werden.

Was beim Überwintern zu beachten ist

Das Überwintern von Kübelpflanzen ist in manchem Haushalt nicht ganz einfach, vor allem, wenn es sich um große Pflanzen handelt. Dennoch läßt sich meist mit ein paar Hilfsmitteln ein passendes Plätzchen finden. Was beim Überwintern zu beachten ist und welche Überwinterungshilfsmaßnahmen es gibt, finden Sie im folgenden Abschnitt.

Pflegemaßnahmen vor der Winterruhe

Ernten sollte man auf jeden Fall vor dem Einräumen, wenn viele fruchtbehangene Pflanzen überwintert werden. Es kommt sonst leicht zu komplettem Blattabwurf. Steht nur wenig Platz zur Verfügung, sollte die Pflanze beschnitten werden (→ Seite 33), sonst wird erst vor dem Austrieb, etwa Februar/März, beschnitten.

Üppig fruchtende Pflanzen. ▷
Eine dekorative Gruppe von Kübelpflanzen bilden hier Zitrone, Chinotto, Kumquat, Calamondin und Feigen.

Mein Tip: Im Überwinterungsquartier sollten Sie kein Obst lagern (vor allem keine Äpfel!). Die Nachbarschaft von Obst führt bei Citruspflanzen leicht zu Blattfall.

Der geeignete Raum

Bestens zur Überwinterung geeignet sind eine helle, frostfreie Veranda, ein Wintergarten, Glasanbau, Gewächshaus, Solarhaus oder auch eine helle Laube. Mit den nachfolgend beschriebenen Maßnahmen und Hilfsmitteln kann man aber auch einen Hausboden, Schuppen, Keller, Stall oder das Treppenhaus und die Garage entsprechend einrichten.

Einige Pflanzen können auch am Fenster in einem beheizten Wohnraum den Winter verbringen (→ Tabelle, Seite 37).

Die richtige Temperatur

Der jeweilige Temperaturbereich (→ Tabelle, Seite 37) der verschiedenen Citrusarten sollte eingehalten werden. Die winterlichen, niedrigeren Temperaturen sind der Blütenbildung im Frühjahr förderlich. Außerdem ist das winterliche Lichtangebot in unseren Breiten, natürlich auch in den Überwinterungsquartieren, wesentlich geringer als in der Heimat der Pflanzen. Die niedrigeren Temperaturen helfen den Citrusgewächsen, damit fertig zu werden.

Beheizen des Überwinterungsraumes

Um den Pflanzen in ihrem Überwinterungsquartier optimale Voraussetzungen bieten zu können, ist eine thermostatische Temperaturregelung von großer Hilfe. Zum Beheizen des jeweiligen Raumes bieten sich Elektro-Heizlüfter, elektrisch betriebene Ölradiatorheizungen oder natürlich die in den meisten Wohnhäusern übliche Zentralheizungsanlage an. Ein Lüfter ist in jedem Fall ein guter zusätzlicher Helfer zur Wärmeverteilung, gerade beim Einsatz von Konvektorheizgeräten. Gasheizlüfter sind wenig geeignet. Sollten sie verwendet werden müssen, ist es ratsam, den Gasdruck niedrig einzustellen. So wird nach jedem Schaltvorgang lange geheizt und die Anzahl der Schaltvorgänge klein gehalten. Dies bewirkt, daß die bei jedem Einschalten austretende Menge unverbrannten Gases möglichst gering bleibt. Citruspflanzen reagieren auf das zunehmende Gas in der Luft nämlich bereits nach einiger Zeit mit komplettem Blattabwurf. Dies sollte man natürlich vermeiden, auch wenn die Pflanzen selbst keinen Schaden nehmen und im nächsten Frühjahr wieder austreiben.

Licht

Immergrüne Citruspflanzen benötigen auch im Winter viel Licht. In einem Gewächshaus, Wintergarten oder vor einem Fenster ist es meist ausreichend. Steht jedoch nur ein kühler, dunkler Kellerraum oder eine fensterlose Garage zur Verfügung, muß mit einer geeigneten Beleuchtungseinrichtung zusätzlich für das nötige Licht gesorgt werden. Künstliche Lichtquellen: Besonders geeignet sind Gro-Lux (Phillips) oder Fluora (Osram) Leuchtstoffröhren. Man kann sie etwa 20 bis 40 cm über den Pflanzen an zwei Deckenhaken befestigen. Unter einer 40 Watt-Röhre können etwa sechs mittelgroße Pflanzen überwintern. Hier finden auch Geranien, Oleander, Lorbeerbüsche oder andere subtropische Pflanzen ein geeignetes Plätzchen für den Winter. Das Ein- und Ausschalten zur erforderlichen 12-stündigen Belichtung übernimmt am besten eine Zeitschaltuhr.

Wichtige Pflegemaßnahmen im Winterquartier

Auch in den Wintermonaten brauchen Citruspflanzen ein gewisses Maß an Pflege.

Gießen

Es sollte nur so viel gegossen werden, daß ein vollständiges Austrocknen des Substrats vermieden wird. Bei niedrigen Temperaturen ist das oft nur in Abständen von mehreren Wochen nötig. Kleinere Töpfe müssen häufiger überprüft werden, da sie schneller austrocknen.

Düngen

Während der Wintermonate befinden sich die Pflanzen in einem Ruhestadium und nehmen keine Nährstoffe auf. Daher wird während der Überwinterung nicht gedüngt. Eine Ausnahme bilden nur die Pflanzen der Gruppe III, die im Winter keine Ruhepause einlegen. Sie überwintern bei höheren Temperaturen und müssen in 4-wöchentlichem Abstand gedüngt werden, da sie auch in dieser Jahreszeit weiterwachsen.

Lüften und Luftfeuchtigkeit

Um die Pflanzen gut über den Winter zu bringen, ist eine gute Belüftung erforderlich. Auf der Fensterbank überwinternden Pflanzen genügt die normale tägliche Zimmerlüftung bei geöffnetem Fenster (sofern kein starker Frost herrscht). Die relative Luftfeuchtigkeit sollte zwischen 40 und 60% betragen. Besonders trockene Luft herrscht meist in im Winter beheizten Wohnräumen. Wenn hier kein Luftbefeuchter eingesetzt werden kann, sollten die Citruspflanzen mindestens einmal täglich mit weichem (Regen-) Wasser übersprüht werden. Diese Maßnahme ist in kühleren Räumen natürlich nicht notwendig. Hier muß man sogar aufpassen – denn zuviel Luftfeuchtigkeit fördert den Befall mit Pilzkrankheiten!

Die richtigen Bedingungen zum Überwintern

	Arten	Überwinterungsbedingungen
Gruppe I	*Poncirus trifoliata* (Dreiblättrige Orange, Bitterzitrone, Bitterorange), *Poncirus* -Hybriden wie: Citrange Troyer, Rusk Citrange	Winterharte Citruspflanzen, die im Garten ausgepflanzt werden können. Ältere Exemplare überstehen bis -25 °C. Im Kübel gehaltene Pflanzen wie Gruppe II überwintern. Laubabwerfende Arten können im fast dunklen Raum überwintern.
Gruppe II	*Fortunella* (Kumquat-Arten), *Citrus limon* (Zitrone), *Citrus sinensis* (Apfelsine), *Citrus reticulata* (Mandarine), *Citrus paradisi* (Grapefruit), *Citrus jambhiri* (Rauhschalige Zitrone), *Citrus aurantium* (Pomeranze)	Diese Pflanzen bevorzugen im Winter Temperaturen zwischen 5 bis 10 °C. Standort sollte möglichst hell sein.
Gruppe III	x *Citrofortunella mitis* (Calamondin), *Citrus aurantiifolia* (Saure Limette), *Citrus limetta* (Süße Limette), *Citrus medica* (Zitronatzitrone), *Citrus maxima* (Pampelmuse), *Citrus hystrix* (Limette, Papeda)	Sie mögen's nicht so kühl – sollten bei Temperaturen zwischen 12 bis 16 °C untergebracht werden. Bei ausreichendem Licht sind auch höhere Temperaturen möglich.

Krankheiten und Schädlinge im Winterquartier

Treten im Überwinterungsquartier Schädlinge auf, so müssen umgehend Gegenmaßnahmen ergriffen werden (→ Seite 53).

Schildlausbefall kann besonders lästig werden, da sich auf den klebrigen Ausscheidungen (Honigtau) dieser Ungeziefer gern Rußtaupilze ansiedeln und die Pflanze unansehnlich wird.

Nacktschnecken werden oft vom Garten eingeschleppt und können den Pflanzen arg zusetzen.

Pilzbefall tritt oft bei zu hoher Luftfeuchtigkeit im kühlen Winterquartier auf. Besonders gefährdet sind Blüten, die von Grauschimmel (Botrytis) befallen werden können. Dünnere Stämme stecklingsvermehrter Citruspflanzen leiden oft unter Fusariumbefall. Wird dagegen nicht sofort etwas unternommen, stirbt die Pflanze ab. Dem lästigen Pilzbefall kann man am besten durch gutes Lüften und eine stets trockene Substratoberfläche vorbeugen.

Gelbe Blätter im Winter deuten auf Eisenmangel oder ein zu feuchtes Substrat hin. Bei Eisenmangel darf jedoch erst im Frühjahr mit einem speziellen Düngemittel (Eisenchelat) gedüngt werden.

Abfallende Blätter schaden der Pflanze meist nicht. Sie können ein Anzeichen dafür sein, daß die Überwinterungsbedingungen nicht optimal sind. Besonders Zitronen zeigen dieses Verhalten. Trocknen die Blätter jedoch und verbleiben an den Ästen, wird dieser Bereich der Pflanze absterben. Häufig sind das Trockenschäden, seltener eine Auswirkung von Pilzbefall.

Nach der Winterpause

Die beste Zeit für einen Formschnitt an Citruspflanzen ist kurz vor dem Austrieb, meist von Februar bis April. Zu dieser Zeit stehen die Pflanzen wegen Frostgefahr noch im Überwinterungsquartier. Die Durchführung der Schnittmaßnahmen wurden bereits auf Seite 33 beschrieben.

Stehen die Pflanzen schon über 2 Jahre im gleichen Container, kann nach der Winterpause in ein geeignetes Substrat und wenig größere Töpfe umgetopft werden (→ Seite 26).

Beginnen die Pflanzen im Frühjahr zu wachsen, können sie bereits mit einem Volldünger gedüngt werden, zum Beispiel Guano flüssig.

Neue Pflanzen – »selbst gemacht«

Citruspflanzen sind leichter zu vermehren, als man auf den ersten Blick denken mag. Egal, ob man von einer Sorte mehrere Pflanzen haben will oder ob man eine interessante neue Pflanze im Urlaub entdeckt hat – die Vermehrung gelingt, gewußt wie, bestimmt!

Das geeignete Werkzeug

Zum Schneiden von Stecklingen ist ein scharfes Gärtnermesser geeignet, besser jedoch ist ein spezielles Stecklingsmesser. Weiterhin wird eine Gartenschere benötigt, die zum Vorschneiden von Pflanzenmaterial verwandt wird. Die Schere muß scharfe Klingen haben, damit die zu schneidenden Pflanzenteile sauber durchtrennt und nicht gequetscht werden.

Wichtige Utensilien sind ferner Stecketiketten und ein geeigneter Etikettenschreiber (Schrift wasserfest und nicht verwitternd), um wichtige Daten, Sorten und so weiter direkt am Kulturgefäß vermerken zu können.

Zum gleichmäßigen Befeuchten des Stecksubstrats benötigt man ein Sprüh-Gießgerät. Es hat meist ein Volumen von 0,75 bis 1,5 l und reicht somit für den Hausgebrauch aus. Gießkannen sind hierfür ungeeignet.

Und schließlich kann auch »Chemie« erforderlich werden – in Form von Bewurzelungshormonen. Stecklinge einiger Citrusarten bewurzeln nur schlecht. Hier empfiehlt sich besonders die Anwendung von Bewurzelungshormonen mit den Wirkstoffen ß-Indolylbuttersäure (Rhizopon AA, Seradix 2), ß-Indolylessigsäure (Rhizopon A) sowie α-Naphtylessigsäure (Rhizopon B, Wurzelfix).

Die richtigen Anzuchtgefäße

Je nach Standort und Pflanzenmaterial können sehr unterschiedliche Gefäße für die Anzucht verwendet werden.

Kunststoff- oder Ton-Blumentöpfe bieten sich vor allem an, wenn nur sehr wenige Pflanzen ausgesät oder durch Stecklinge vermehrt werden. Sogar gereinigte Joghurt- oder ähnliche Plastikbecher sind geeignet, wenn sie eine Höhe von mindestens 8 bis 10 cm aufweisen.

Spezielle Anzuchtschalen, die in unterschiedlichen Abmessungen angeboten werden, sind empfehlenswert. Gerade zur Fensterbankkultur sind diese Schalen sehr geeignet. Solche mit einem aufsetzbaren, durchsichtigen Kunststoffdeckel werden Zimmergewächshaus genannt. Zu Recht: Unter dem klaren Deckel entsteht ein feuchtwarmes

Stecklingsbewurzelung

Art des Stecklings	Bewurzelung	Wuchs-stoffe	Substrat
x *Citrofortunella mitis* (Calamondin)	normal		1, 2, 3
Poncirus trifoliata (Dreiblättrige Orange)	schwer	+	1, 3
Fortunella (Kumquatarten)	schwer	+	1, 3
Citrus limon (Zitrone)	normal	(+)	1, 3
Citrus sinensis (Apfelsine)	normal/schwer	(+)	1, 3
Citrus reticulata (Mandarinenarten)	normal/schwer	(+)	1, 3
Citrus medica (Zitronatzitrone)	schwer	+	1, 3
Citrus paradisi (Grapefruit)	schwer	+	1, 3
Citrus aurantiifolia (Saure Limette)	normal		1, 2, 3

Günstigste Temperatur 22 bis 26 °C. Relative Luftfeuchtigkeit 80 bis 100 %. 1 = Torf/Sandgemisch 2 = Steinwolle/Oasis-Stecksubstrat 3 = Torfquelltöpfe + = Wuchsstoffanwendung besonders empfohlen

Die aparte Zeichnung der Blätter macht ihren Reiz aus: Die Variegataform der Calamondin.

Klima, das dem An- und Weiterwachsen der meisten Pflanzen sehr förderlich ist und durchaus mit den Bedingungen in einem Gewächshaus verglichen werden kann.
Eine Wärmeplatte, die unter das Zimmergewächshaus gestellt wird (zum Beispiel Thermolux), sorgt für »warme Füße«. Auch bei niedriger Umgebungstemperatur wird durch die eingebaute Elektroheizung (ab 5 Watt) eine für Pflanzen günstige Temperatur um 25 °C erzielt.
Ein beheiztes Zimmergewächshaus bietet den größten Komfort. Hier ist die Heizung in den Boden eingebaut und für thermostatische Temperaturregelung gesorgt. Eine hohe, klare Haube dient als Abdeckung.

Pflanzsubstrate
Pflanzen werden besonders dann angeregt, Wurzeln zu bilden, wenn das Substrat, in dem sie stehen, nährstoffarm ist. Daher sind feinkörnige, nicht oder nur schwachgedüngte Erden am besten geeignet.
TKS 1, ein Torfkultursubstrat, wird im Handel zur Anzucht von Pflanzen angeboten und entspricht diesen Voraussetzungen.
Torf und sauberer Quarzsand (nicht zu fein, etwa 0,3 mm ∅) können für eine gute Anzuchterde gemischt werden.
Geeignet ist auch reiner Quarzsand ohne Torfzusatz. Hier muß jedoch besonders darauf geachtet werden, daß das Substrat weder austrocknet noch dauernaß ist und den Steckling faulen läßt.

Nährstoffarme Anzuchterde aus dem Garten kann ebenfalls benutzt werden. Sie muß jedoch zuvor keimfrei gemacht werden (→ Seite 24).
Steinwolle als Anzuchtsubstrat wird besonders gerne verwendet, wenn die Pflanzen anschließend in Hydrokultur kultiviert werden sollen.
Auch Oasis-Blumenstecksubstrat ist für einige Citrusarten zu empfehlen. Es zeichnet sich besonders aus durch seine Keimfreiheit, Luftdurchlässigkeit und sein Wasserspeicherungsvermögen. Weniger geeignet ist es für Arten, die nur schlecht oder sehr langsam bewurzeln.

Vermehrung durch Aussaat

Vor der Aussaat sollten Citrussamen
gebeizt werden. Hierzu werden sie
eingepudert mit einem Fungizid wie
Polyram-Combi oder Euparen. So
behandelt werden sie später nicht
an den typischen Auflaufkrankhei-
ten wie Schwarzbeinigkeit (Phy-
tophtora) oder Fusarium-Pilzbefall
leiden.

Die Aussaat
Zeichnung 1

Die Kerne werden in einem Abstand
von 2 bis 3 cm in einem geeigneten,
mit Anzuchterde gefüllten Aussaat-
gefäß, hier ein Zimmergewächshaus, ausgesät und anschließend
mit feingesiebter Anzuchterde etwa
1 cm hoch abgedeckt. Das Pflanzsubstrat wird nun durch kurzfristi-
ges Anstauen oder mit einem
Sprühgerät durchdringend befeuch-
tet. Danach wird es an einem halbschattigen, zimmerwarmen Platz
aufgestellt. Eine Pflanzenwärme-
platte ist für die Keimung förderlich.

Anzucht im Topf
Zeichnung 2

Ein Blumentopf ist zwar weniger
komfortabel, zur Anzucht von Sämlingspflanzen jedoch durchaus geeignet. In der ersten Anzuchtphase
wird der Topf mit einer klaren Folie
(Zeichnung 5) abgedeckt. Wenn die
Pflanzen eine Größe von etwa
10 cm erreicht haben, wird das
»Dach« allmählich entfernt. Die
Pflanzen härten somit ab, und das
Pikieren kann erfolgen.

Das Pikieren
Zeichnung 3

Nun werden die Sämlinge vorsichtig
aus dem jeweiligen Anzuchtgefäß

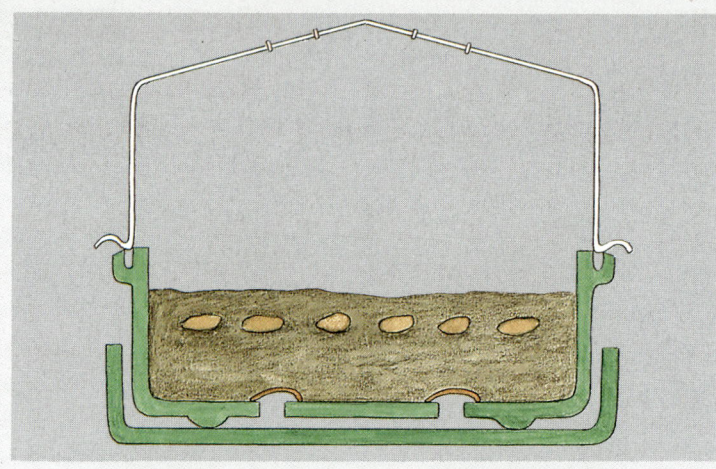

*1 Ideal für die Anzucht aus Samen ist ein Zimmergewächshaus. Darin
entsteht ein feuchtwarmes Klima, das die Keimung fördert.*

genommen, wobei die zarten Wurzeln unbedingt geschont werden
müssen.
Zum Pikieren verwendet man geeignete große Töpfe (Durchmesser
etwa 8 bis 12 cm, nicht größer), füllt
sie mit einer feinen, leicht gedüng-
ten Anzuchterde (zum Beispiel Flo-
radur Typ B) und bereitet mit einem
Pikierstab ein Pflanzloch. Dieses
muß so groß und breit sein, daß die

gesamte Wurzel aufgenommen
werden kann. Ein Biegen der Haupt-
wurzel würde sich auf das weitere
Wachstum der Pflanze negativ aus-
wirken.
Abschließend wird leicht angedrückt und gegossen.
Die pikierte Pflanze kann nun vor
einem hellen Fenster oder – noch
besser – in einem Gewächshaus
weiterkultiviert werden.

*2 Auch ein Blumentopf eignet
sich für die Anzucht von Citruspflanzen aus Samen.*

*3 Die etwa 10 cm hohen Pflänz-
chen werden nun in einzelne Töpfe
gesetzt.*

Stecklingsanzucht

Stecklinge sind beblätterte Triebteile einer Pflanze, die von der Mutterpflanze abgetrennt wurden. Steckholz wird im Winter von blattlosen Pflanzen geschnitten. Hierfür kommt bei den Citrusgewächsen nur die Dreiblättrige Orange und ihre Varietät »Flying Dragon« in Frage. Bei einigen Arten ist die Anwendung von Wuchsstoffen zu empfehlen (→ Tabelle, Seite 38).

Das Vorbereiten des Stecklings
Zeichnung 4

Zum Stecken ist besonders der mittlere Bereich eines Triebes geeignet. Die oberen Blätter sollten am Steckling verbleiben, weil sie durch Assimilation den Anwachsprozeß fördern. Handelt es sich jedoch um sehr großblättrige Stecklinge wie die der Grapefruit (Citrus paradisi), können die Blätter auch eingekürzt werden. Hierdurch wird die Verdunstungsfläche verkleinert und die Stecklinge können dichter gesteckt werden. Der Steckling soll eine Länge von etwa 10 bis 12 cm haben und mindestens 4 Knospen (Augen, Nodien) aufweisen. Die Blätter der unteren Hälfte des Stecklings werden abgeschnitten. Das Stecken erfolgt in Anzuchterde. Als Kulturgefäß ist auch hier vom ausgedienten Joghurtgefäß bis hin zum Zimmergewächshaus alles möglich. Einzige Bedingungen: Die Höhe muß mindestens 10 cm betragen, und Abzugslöcher müssen vorhanden sein.

Das Einsetzen der Stecklinge
Zeichnung 5

Die Stecklinge werden dicht an dicht in das angefeuchtete Substrat gesteckt. Die Blätter können sich dabei berühren. Zum Anwachsen ist eine hohe Luftfeuchtigkeit erforderlich. Sollte kein Zimmergewächshaus zur Verfügung stehen, so muß daher unbedingt durch das Spannen einer Klarsichtfolie ein Kleinklima

4 Die unteren Blätter des Stecklings werden abgeschnitten.

mit hoher Luftfeuchtigkeit erzeugt werden. Die Klarsichtfolie wird über mindestens 3 entsprechend gebogene und in den Topf gesteckte Drähte (zum Beispiel Schweißdraht) gelegt und am Topf mit einer dünnen Schnur oder einem Gummiband festgebunden.
Das Anzuchtgefäß sollte nun an einem Platz aufgestellt werden, an dem eine Temperatur um 25 °C herrscht (gegebenenfalls Bodenheizplatte, → Seite 39).
Direkte Sonneneinstrahlung ist schädlich, weil sich der Innenraum

dabei so stark aufheizen kann, daß die Pflanzen geschädigt werden. Bis zum Anwachsen der Stecklinge braucht nur selten gegossen zu werden, weil kein Wasser verdunsten kann. Wenn ein Nachgießen einmal erforderlich scheint, kann durch das Anstauverfahren (Gefäß 30 bis 60 Minuten auf einen mit Wasser gefüllten Untersatz stellen) für Feuchtigkeitsnachschub gesorgt werden.

Der Steckling ist bewurzelt
Zeichnung 6

Die Bewurzelung ist gelungen, wenn die Stecklinge aus den Blattachseln auszutreiben beginnen. Das kann 4 bis 8 Wochen dauern. Sie werden dann, wie die Sämlingspflanzen, abgehärtet und bei einem Austrieb von etwa 5 cm dem Anzuchttopf entnommen. Der vereinzelte Steckling wird in einen Topf mit einem Durchmesser von 8 bis 12 cm gepflanzt. Als Substrat ist auch hier ein leicht gedüngtes Anzuchtsubstrat zu empfehlen. Die Weiterkultur erfolgt wie bei »Sämlingsanzucht« beschrieben. Im Gegensatz zu Sämlingen wachsen Stecklinge buschiger und blühen früher. Ihre Standfestigkeit ist jedoch deutlich geringer.

5 Durch Spannen einer Klarsichtfolie über den Topf entsteht feuchtwarmes Klima.

6 Der bewurzelte Steckling wird pikiert und in einen Topf (8 bis 12 cm ⌀) gepflanzt.

41

Abmoosen
(Markottieren)

Nahezu alle Vermehrungsarten, mit deren Hilfe unsere heimischen Gehölze vermehrt werden, sind auch anwendbar auf Citruspflanzen. Dennoch haben sich im Laufe der Jahre bestimmte Verfahren herausgebildet, die bevorzugt zur Vermehrung von Citruspflanzen praktiziert werden.

In der Vergangenheit war – besonders in Südafrika, einem der bedeutendsten Citrusanbauländer – das Abmoosen ein beliebtes vegetatives Vermehrungsverfahren. Auch im subtropischen und tropischen Asien sowie in Florida werden auf diese Weise einige Citrusarten vermehrt. Das Abmoosen zeichnet sich aus durch folgende, positive Merkmale: Sehr schnell können große, blühende und fruchtende Pflanzen herangezogen werden, und das Verfahren gelingt bei korrekter Anwendung nahezu immer. Nachteile sind der größere Arbeitsaufwand und die geringe Ausbeute an neuen Pflanzen von einer Mutterpflanze.

1 An einem kräftigen Trieb (in der Zeichnung rot gekennzeichnet) wird abgemoost.

Das Abmoosen ist dem Absenken ähnlich. Nur werden in diesem Fall nicht die zu bewurzelnden Triebe heruntergebogen und mit Erde abgedeckt, sondern die Erde wird zum Trieb gebracht, der dann »in der Luft« Wurzeln bildet. Daher auch der englische Name »air-layering« für diese Vermehrungsmethode.

Der geeignete Trieb
Zeichnung 1

Um das Abmoosen durchführen zu können, muß eine Mutterpflanze zur Verfügung stehen. Von ihr wird ein kräftiger, gesunder Trieb ausgesucht, der auch verzweigt sein darf. Kleinere Zweige können natürlich auch verwendet werden. Das Besondere an diesem Verfahren ist aber das schnelle Heranziehen großer Pflanzen, was nur mit entsprechend kräftigen Trieben erreicht wird.

Den Trieb einschneiden
Zeichnung 2

Im Frühjahr wird unterhalb eines Auges (das ist eine kleine, oft schwer zu erkennende Knospe in der Blattachsel) am ausgewählten Trieb ein zungenartiger, etwa 2 bis 3 cm langer, aufwärts gerichteter Schnitt geführt, der den Trieb etwa zur Hälfte einschneidet.

Den Einschnitt fixieren
Zeichnung 3

Durch vorsichtiges Biegen entsteht eine Lücke. Diese wird durch das Hineinlegen eines Holzspanes oder – noch besser – eines Kunststoffteiles oder Steinchens fixiert. Eventuell vorhandene Blätter in diesem Bereich werden abgeschnitten.

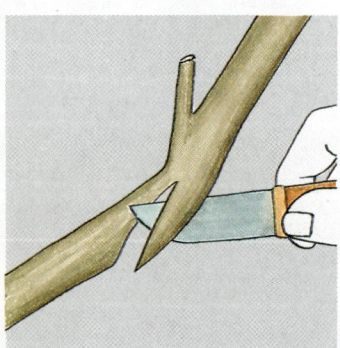

2 Der abzumoosende Trieb wird eingeschnitten.

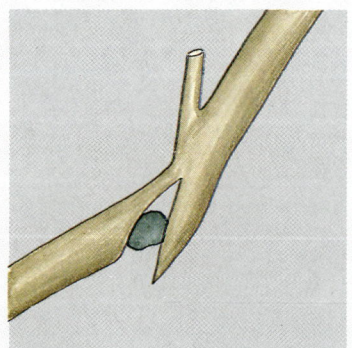

3 Ein Steinchen sorgt dafür, daß der Einschnitt gespreizt wird.

4 Schnittstelle mit Sphagnum und Kunststofffolie umwickeln.

Die Einschnittstelle präparieren
Zeichnung 4

Nun wird der Einschnittbereich und der Bereich etwa 5 bis 7 cm darüber und darunter mit feuchtem Torfmoos (Sphagnum) umwickelt. Das Ganze wird mit Kunststofffolie oder einem ähnlichen Material umhüllt. Zuerst wird das untere Ende der Hülle mit einem Bindfaden zugebunden. Nun wird nochmals geprüft, ob das Torfmoos ausreichend feucht ist und gegebenenfalls der gesamte Bereich noch einmal mit Wasser abgesprüht. Anschließend wird der obere Teil der Hülle zugebunden, ohne den Zweig abzuschnüren. Der Verband muß dicht schließen, damit keine Feuchtigkeit verdunsten kann. Am Einschnitt erfolgt in der Folgezeit ein Saft-, Nährstoff- und Assimilatestau in feuchter Atmosphäre. Hierdurch wird die Pflanze angeregt, an dieser Stelle Wundkallus (Pflanzengewebe) zu bilden. Aus diesem entstehen schließlich Wurzeln, die den markottierten Pflanzentrieb zu einer selbständig lebensfähigen Pflanze machen.

Abtrennen von der Mutterpflanze
Zeichnung 5

Die Bewurzelung ist mit großer Sicherheit im Spätsommer bereits so weit fortgeschritten, daß die das Sphagnummoos umgebende Hülle entfernt werden kann. Nun wird der bewurzelte Trieb unterhalb der Bewurzelungszone von der Mutterpflanze endgültig abgetrennt.

Das Einpflanzen

Die bewurzelte Pflanze wird in einen Topf gepflanzt, in dem die Wurzeln Platz haben und nicht geknickt werden. Gebräuchlich sind Töpfe von 18 bis 24 cm Durchmesser. Als Pflanzsubstrat eignet sich feine, leicht gedüngte Anzuchterde oder auch Einheitserde. Die Weiterkultur bis zum Anwachsen im Topf

5 Hat der Trieb ausreichend Wurzeln gebildet, wird er von der Mutterpflanze abgetrennt.

muß schonend, möglichst im Gewächshaus oder Wintergarten erfolgen. Wurde zur Bewurzelung ein Zweig ausgewählt, der schon Blüten oder kleine Früchte trägt, kann die neugeschaffene Citruspflanze schon in Kürze die erste Ernte liefern.

Welche Pflanzen abmoosen?

Dieses Verfahren ist besonders empfehlenswert zur Vermehrung von Süßen Limetten *(Citrus limetta)* sowie von Arten, deren Stecklinge sich nur schwer bewurzeln (→ Tabelle, Seite 38). Die Anwendung von Bewurzelungshormon-Puder kann auch hier hilfreich sein.

Urlaubsstecklinge zur Pflanzenanzucht

Wer Urlaub in südlichen Ländern macht, kann sich zur Anzucht von Citrusbäumchen Stecklinge schneiden und sie nach Ankunft zu Hause zum Bewurzeln bringen. Voraussetzung ist, daß sie den Transport überleben. Aus eigener Erfahrung kann ich folgende Vorgehensweise empfehlen: Möglichst am letzten Tag wird von der gewünschten Citruspflanze ein im vorigen Jahr gewachsener, runder, unverzweigter Trieb abgeschnitten. Der obere Teil wird nochmals abgeschnitten und weggeworfen, der restliche Trieb sollte dann eine Länge von etwa 20 cm haben. Die Blätter werden eingekürzt, um die Verdunstung zu reduzieren. Danach wird der Zweig in ein feuchtes Tuch gewickelt und in eine Plastiktüte gelegt. So verpackt ist der Trieb einige Tage überlebensfähig, wenn er nicht gerade am heißesten Platz deponiert wird.

Zum Stecken wird der Steckling wie auf Seite 41 beschrieben vorbereitet. Der untere Teil des Triebes wird entfernt.

Vermehrung im Labor

Die Vermehrung von Pflanzen in Gewebekultur (auch genannt Invitro- oder Meristemkultur) ist ein Verfahren, das ausschließlich im Labor durchgeführt wird. Es hat sich in jüngster Zeit ein großer Bedarf bei dieser Form der Vermehrung von Obstgehölzen gezeigt, weil auf diese Weise auch aus kranken, virusverseuchten Mutterpflanzen gesunde und identische Nachkommen (Klone) erzeugt werden können.

Citrusplantage am Mittelmeer.
Ein wunderschöner Anblick: Citrus-
bäume soweit das Auge reicht.
Derartige Citrusplantagen mit reich
fruchtenden Pflanzen haben sicher-
lich schon vielen Urlaubern in süd-
lichen Ländern den Mund wäßrig
gemacht. Aber nicht allein die
Früchte kann man mit nach Hause
nehmen – auch ein Citruspflänz-
chen für den heimischen Garten
oder den Balkon kann hier seinen
Ursprung finden. Ein Urlaubssteck-
ling macht's möglich!
Wie das genau funktioniert, erfah-
ren Sie auf Seite 43.

Auf die Unterlage kommt es an

Das Veredeln ist die Art der Vermehrung, die bei Citruspflanzen am häufigsten angewandt wird. Es ermöglicht das Heranziehen sortenechter, widerstandsfähiger und an den jeweiligen Standort angepaßter Pflanzen. Auch das Wachstum wird durch die Unterlage beeinflußt.

Was heißt »veredeln«?

Beim Veredeln werden Teile von zwei unterschiedlichen Pflanzen miteinander verbunden. Das Edelreis einer Sorte wird auf eine Sämlingspflanze, die Unterlage, so aufgesetzt, daß sie an der Verbindungsstelle in kurzer Zeit zusammenwachsen. Sie bilden an der Veredlungsstelle neue Leitungsbahnen, durch die die mit dem Erdreich verbundene Unterlage dann das zuerst von jeder Nährstoffzufuhr abgeschnittene Edelreis ernähren kann.

Das Edelreis: Die größte Chance anzuwachsen haben kräftige, ausgereifte Edelreiser. Dünne, schwächliche oder kranke Reiser vertrocknen meist an der Verbindungsstelle, bevor neue Leitungsbahnen gebildet werden können. Das Edelreis sollte unverzweigt und möglichst rund sein. Am besten wird es kurz vor der Veredlung geschnitten.

Die Unterlage: Zur Veredlung können ein- oder mehrjährige, aus Sämlingen gezogene Unterlagen verwendet werden. Einjährige Unterlagen sind meist unverzweigt, bei mehrjährigen sollten störende Zweige entfernt werden.

Das Veredeln wird deutlich erleichtert, wenn die Unterlage an der Veredelungsstelle einen Durchmesser von einer knappen Bleistiftstärke hat. Bei guter Kultur erreichen das auch schon einjährige Unterlagen.

Warum wird veredelt?

Verschiedene Pflanzen können, wie wir bereits gesehen haben, recht gut durch Stecklinge vermehrt werden (→ Seite 41). Dennoch wird man kaum einen Citrusanbauer finden, der auf diese Weise sortenechte Pflanzen kultiviert. Die wichtigsten Gründe hierfür sind:

• Solche Pflanzen bilden ein nur schwaches, flaches Wurzelwerk. Sie sind somit nicht standfest.

• Da die Wurzeln nicht in die Tiefe gehen, kann die Wasserversorgung nur aus dem oberen Boden erfolgen. In regenarmen Sommern leidet die Pflanze. Längere Trockenperioden übersteht sie kaum.

• Die Pflanzen sind krankheitsanfälliger. Bei feuchtem Boden kann besonders leicht Fusarium-Pilzbefall am unteren Stammbereich auftreten. Es kommt dann zu erheblichen Schäden oder sogar zum Absterben der Pflanze. Diese Probleme treten bei der Vermehrung durch Veredlung nicht auf.

Die richtige Unterlage

Durch die Wahl der entsprechenden Unterlage können verschiedene Eigenschaften der veredelten Citruspflanze bestimmt werden (→ Tabelle, Seite 48). Die wichtigsten sind: Fruchtqualität; Einsetzen der Fruchtbarkeit; Kälteresistenz; Eignung für bestimmte Standorte; Krankheitsanfälligkeit; Wachstum der Pflanze.

Die Wuchskraft der Unterlage – ob schwach, mittel oder stark – wird auf die Edelsorte stärker übertragen, wenn die Veredlung nicht direkt auf den Wurzelhals ausgeführt wird, sondern in einer Höhe von 10 bis 30 cm darüber.

Schwachwüchsige Unterlagen

Schwaches Wachstum geht meist einher mit früh einsetzender Fruchtbarkeit. So können Edelsorten, die auf schwachwüchsige Unterlagen wie *Poncirus trifoliata* oder ihrer Varietät »var. monstrosa« (Flying Dragon) veredelt wurden, bereits im zweiten Jahr blühen und fruchten. Sie sind ideale Unterlagen für Pflanzen, die zur Kübelkultur vorgesehen sind oder in einem kleinen Gewächshaus oder im Wintergarten direkt ausgepflanzt werden sollen.

Stammunterlagen

Stammunterlagen sind besonders wüchsig. Sie bilden gerade, lange Triebe und sind besonders für größere Baumformen geeignet. Auch als Stammunterlage ist die oben bereits erwähnte *Poncirus trifoliata* geeignet. Zu diesem Zweck bindet man den Haupttrieb der Unterlage an einen Stab. So zieht man ein Stämmchen heran, das in der vorgesehenen Höhe mit

Diese kleine Auswahl von Citrusfrüchten vermittelt einen Eindruck der großen Vielfalt in Farbe und Form.

der gewünschten Edelsorte veredelt wird. Übliche Stammhöhen variieren hier zwischen 10 cm bis zu einer Höhe von 1,20 m. Sehr dekorativ wirkt als Stammunterlage Flying Dragon (Fliegender Drache) durch den gedrehten Wuchs und die stark nach unten gebogenen, dicken und ansehnlichen Dornen. Die bogige, fast senkrechte Form der Dornen macht sie weniger verletzungsträchtig.

Starkwüchsige Unterlagen

Die beliebteste unter den starkwüchsigen Unterlagen ist wohl die Pomeranze *(Citrus aurantium)*, auch Bitter- oder Sauerorange genannt. Sämlinge dieser Pflanze können unter guten Voraussetzungen schon nach einem Jahr veredlungsfähig sein. Sie bilden eine Pfahlwurzel und benötigen daher bei Kübelhaltung einen möglichst hohen Topf. Die Pomeranze ist sehr empfindlich gegen Staunässe. Ihre feinen Wurzeln sterben dann ab und die Pflanze wächst nicht mehr. Sie

Das Foto oben zeigt:
1 *Citrus medica 'Etrog'.*
2 *Mandarine 'Murcott'.*
3 *Citrus aurantium var. myrtifolia 'Chinotto'.*
4 *Citrus limetta, Süße Palästinensische Limette.*
5 *Citrus medica, Zitonatzitrone.*
6 *Rusk Citrange.*

beginnt bei Berührung im Boden zu »wackeln«. In den meisten Fällen erholt sie sich nicht. Citruspflanzen auf Pomeranzenunterlage sollte man daher sparsam gießen.

Weitere starkwüchsige Veredlungsunterlagen sind Rough Lemon und die Hybride Citrange Troyer. Auch Sämlinge aus Apfelsinen, Grapefruits und Zitronen sind zur Anzucht von Veredlungsunterlagen geeignet. In den Anbauländern sind sie allerdings nicht üblich.

Der untenstehenden Tabelle können Sie die Eigenschaften einiger Citrusunterlagen entnehmen, die für die Kultur in unseren Breitengraden wichtig sind.

Das Erscheinungsbild der veredelten Pflanze

Typisch für Pflanzen derselben Art (beziehungsweise Sorte) ist ihr äußeres Erscheinungsbild (Phänotypus). Durch das Veredeln auf eine Veredlungsunterlage kann es in gewissem Maße verändert werden. So bleibt die typische tropfenförmige Krone jüngerer Pomeranzenbäume *(Citrus aurantium)* bei Veredlung auf schwachwüchsige Unterlagen erhalten, wenn auch insgesamt von kleinerem Ausmaß. Das Gleiche gilt entsprechend bei Veredlung auf starkwüchsige Unterlagen. Ebenso bleibt die Fruchtform erhalten, während aber die Fruchtgröße von der Unterlage mitbestimmt werden kann. Besonders schwachwüchsige Unterlagen vermögen auffallend große Früchte hervorzubringen.

Veredelungsmethoden

Es gibt unterschiedliche Verfahren zu veredeln. Die Wahl der geeigneten Methode ist im wesentlichen von folgenden Faktoren abhängig:
1. Jahreszeit (Winterruhe/Wachstumsphase).
2. Stärke (Durchmesser) der Veredlungsunterlage und des Edelreises.
3. Vorhandenes Reisermaterial.
Die drei im folgenden (→ Seite 50) beschriebenen Veredlungsarten (Anplatten, Okulieren, Kopulieren)

Eigenschaften von Citrusunterlagen

Unterlage	Wüchsigkeit	Fruchtqualität	Einsetzen der Fruchtbarkeit[1]	Kälteresistenz[2]	Zur Kübelkultur
Poncirus trifoliata (Dreiblättrige Orange)	schwach	sehr gut	sehr früh	sehr gut	sehr geeignet
Poncirus trifoliata var. monstrosa 'Flying Dragon'	sehr schwach	sehr gut	sehr früh	gut–sehr gut	sehr geeignet
Citrange 'Troyer'	schwach	sehr gut	mittel	gut–sehr gut	geeignet
Citrus aurantium (Pomeranze)	stark	gut	später	normal	geeignet
Citrus sinensis (Apfelsine)	stark	gut	mittel	normal	geeignet
Citrus reticulata (Mandarine)	mittel–stark	gut	mittel	gut	geeignet
Citrus limon (Zitrone)	mittel–stark			normal	geeignet
Citrus jambhiri (Rauhschalige Zitrone)	mittel–stark	mittel	mittel	normal–gering	geeignet
Citrus paradisi (Grapefruit)	mittel	gut	mittel	normal	geeignet

[1] Fruchtbarkeit: sehr früh = 1–2 Jahre nach der Veredlung, mittel = 2–3 Jahre nach der Veredlung.
[2] Kälteresistenz: sehr gut = verträgt Bodenfrost, gut = verträgt kurzfristig Bodenfrost, normal = nicht unter 5 °C.

Die Grapefruit (Citrus paradisi) ist eine sehr hübsche Pflanze.

sind auch für den Hobbygärtner durchführbar. Wer noch nie Pflanzen veredelt hat, sollte aber zuvor an anderen geeigneten Zweigen üben. Hierzu kann man sehr gut Reiser der Weide oder Ligusterzweige verwenden. Auch andere glatte Reiser eignen sich. Auf eines sollte man allerdings achten: Die Reiser sollten möglichst große Abstände zwischen den Knospen, sogenannte »Internodien«, aufweisen.

Das Werkzeug zum Veredeln

Bevor man zur Arbeit schreitet, sollte folgendes bereit liegen:
- Ein Okuliermesser, mit dem auch Kopulationsschnitte ausgeführt werden können, wenn man nicht extra auch ein Kopuliermesser erwerben will.
- Verbandmaterial. Das preiswerteste ist guter Raffiabast. Es wird auch Gummiveredlungsband angeboten, das sich unter dem Einfluß ultravioletter Strahlung zersetzt und nach dem Anwachsen der Edelsorte nicht mehr aufgeschnitten werden muß. Eine Kontrolle ist dennoch zu empfehlen. Okulationen können auch durch Okulationsschnellverschlüsse verbunden werden.
- Veredlungswachs. Zu empfehlen ist kaltstreichbares Baumwachs.
- Eine gute, sauber schneidende (nicht drückende) Gartenschere ist ebenfalls wichtig.

Pflege für frisch veredelte Pflanzen

Die jungen Veredlungen sollten warm (18 bis 22 °C Bodenwärme), hell und bei höherer Luftfeuchtigkeit aufgestellt werden. Letzteres kann bei Fensterbankkultur erreicht werden, indem über die Pflanzen ein Weckglas mit der Öffnung nach unten gestellt wird. Auch eine aufblasbare Klarsichttüte kann über die Pflanze gestülpt und am Topf mit einem Gummiband befestigt werden (→ Seite 41).

Eine wichtige Information vorab: Unabhängig von der jeweiligen Veredlungsmethode dürfen die Schnittstellen an Unterlage und Edelreis nie mit den Fingern berührt werden, weil die sich auf der Haut befindenden Schweißsalze sowie Staub- und Schmutzpartikel ein Verwachsen verhindern können.

Das seitliche Anplatten
Die Veredlungsunterlage wurde aus dem Kern einer beliebigen Citrusfrucht herangezogen.

Unterlage und Edelreis – der richtige Zeitpunkt
Zeichnung 1
Wenn der Saft in der Unterlage zu steigen beginnt, gelingt dieses Veredlungsverfahren am besten. Man erkennt den optimalen Zeitpunkt daran, daß die Knospen schwellen oder auch schon leicht austreiben. Je nach Standort ist das etwa zwischen Anfang Februar und Ende April der Fall. Das Edelreis sollte sich noch in winterlicher Ruhe befinden. Es kann 3 bis 4 Wochen vorher geschnitten werden. Es wird dann ohne Blätter und feucht eingewickelt bei etwa 5 °C gelagert (zum Beispiel im Obstfach eines Kühlschranks).

Zurechtschneiden der Veredlungspartner
Zeichnung 2a
Die Schnittstelle an der Unterlage sollte sich gegenüber einer Knospe befinden. Hier zunächst einen etwa 3 cm langen, leicht gewinkelten senkrechten Einschnitt vornehmen. Beim Edelreis alle Blätter bis auf einen kleinen Stiel zurückschneiden. Der Einschnitt an der Unterlage wird

1 Unterlage (a) und Edelreis (b); die Blätter des Edelreis werden abgeschnitten.

etwa 5 mm vor dessen unterem Ende durch einen etwas stumpfwinkligeren Schnitt gelöst und der dabei entstehende Span weggeworfen.
Zeichnung 2b
Das Reis mit einem schräg nach unten verlaufenden glatten Schnitt

versehen, dessen Spitze nochmals angeschnitten wird. Es sollte etwa 4 bis 6 cm lang sein und mindestens 2 bis 3 Augen haben.
Zeichnung 2c
Das Edelreis in die Aussparung an der Unterlage einschieben. Es muß bündig mit dem Kambium sitzen, damit es anwachsen kann.
Zeichnung 2d
Das Edelreis mit Bast oder Gummiveredlungsband an der Unterlage befestigen und mit durchscheinendem Baumwachs verstreichen. So kann das Gummiband unter dem Einfluß des Sonnenlichts verwittern. Wird Bast verwendet, muß der Verband nach einem halben Jahr aufgeschnitten werden.

Die weitere Behandlung
Ist die Veredlung nach einigen Wochen angewachsen und ausgetrieben, wird die Unterlage oberhalb der Veredlungsstelle abgeworfen (abgeschnitten) und die Schnittstelle mit Baumwachs verstrichen.

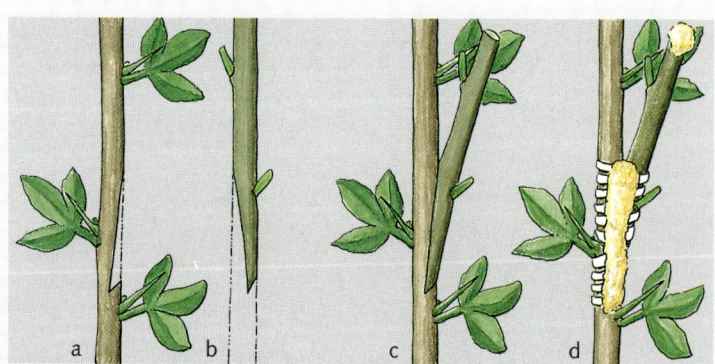

2 Das Anplatten. Unterlage (a) und Edelreis (b) zurechtschneiden. Edelreis in die Unterlage schieben (c), verbinden und die Veredlungsstelle verstreichen (d).

Das Kopulieren

Unterlage und Edelreis müssen bei diesem Verfahren unbedingt gleich dick sein, das heißt den gleichen Durchmesser haben. Dieses sehr einfache Verfahren wird in der Wachstumsruhe vorgenommen. Am besten in der Zeit zwischen November und Februar.

Zurechtschneiden und Verbinden
Zeichnung 3a und b
Die beblätterte (Ausnahme: laubabwerfende *Poncirus trifoliata*, Dreiblättrige Orange) Unterlage wird gegenüber einem Auge auf einer Länge von 3 bis 4 cm schräg angeschnitten.
Bei dem Edelreis, das etwa 3 bis 4 Augen haben sollte, wird der gleiche Schnitt vorgenommen. Blätter bis auf den Blattstiel abschneiden.
Zeichnung 3c und d
Unterlage und Reis nun verbinden. Der Veredlungsbereich und die obere Schnittstelle des Edelreises werden mit Baumwachs verstrichen.

Das Okulieren

Bei diesem Verfahren kann die Unterlage auch einen größeren Durchmesser haben als das Edelreis, von dem die Knospen abgeschnitten werden.
Diese Veredlungsmethode am besten im Sommer anwenden, wenn sich die Rinde gut löst.

Unterlage und Edelreis vorbereiten
Zeichnung 4a
Die Blätter des Edelreises bis auf die Stiele abschneiden. Anschließend mit einem scharfen Messer (Okuliermesser) eine Knospe (Auge) von unten nach oben möglichst ohne Holzanteil herausschneiden.
Zeichnung 4b und c
In die Unterlage mit dem Okuliermesser einen T-Schnitt schneiden. Die beiden so entstandenen rechtwinkeligen Lappen werden mit dem Rindenlöser des Okuliermessers

oder dem Rücken eines anderen Messers angehoben, so daß eine kleine Tasche entsteht.

Unterlage und Edelreis verbinden
Zeichnung 5a, b und c
In diese Tasche das ausgeschnittene Auge der Edelsorte einschieben. Das Auge wird am Blattstielansatz geführt. Es soll sich in der Mitte des senkrechten Schnittes befinden. Steht noch ein Teil des Augenschildchens über dem waagrechten Schnitt, wird es dort angeschnitten. Die Veredlungsstelle von unten nach oben mit Bast, PE-Streifen oder Gummiveredlungsband verbinden.
Zeichnung 5d und e
Bis auf das eingesetzte Auge wird nun der ganze Bereich mit Baumwachs verstrichen. Ist nach einigen Wochen der Trieb aus der Knospe 10 bis 15 cm lang, wird die Unterlage etwa 3 cm über der Veredlungsstelle abgeworfen. Etwa noch vorhandene Knospen aus dem entstehenden Zapfen werden ausgebrochen. Der Austrieb kann, um gerade nach oben zu wachsen, an den Zapfen angebunden werden.

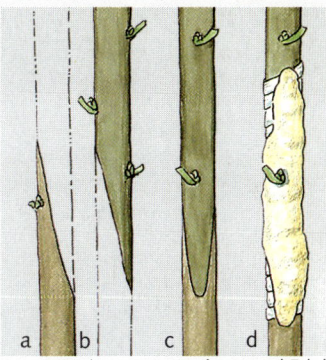

3 Kopulieren. Unterlage und Edelreis werden aufeinandergesetzt und verbunden.

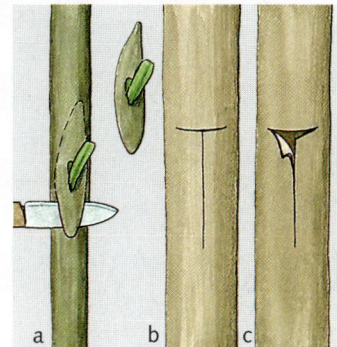

4 Okulieren. So werden Edelreis und Unterlage zurechtgeschnitten.

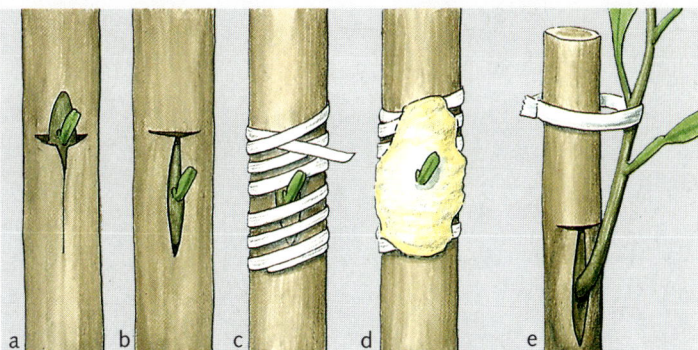

5 Das Auge wird in die Rindentasche geschoben (a, b), verbunden (c) und mit Baumwachs verstrichen (d). Ist der Austrieb lang genug, wird er angebunden und die Unterlage abgeworfen (e).

Vorbeugen ist besser als Heilen

Gesunde Pflanzen haben die besten Vorausselzungen, Krankheiten und Schädlingen zu trotzen. Stimmen also Standort und Pflegemaßnahmen, so ist ein Schaden durch Insekten, Pilzbefall oder Bakterien kaum noch zu befürchten.

Die Krankheits- und Schädlingsproblematik ist oft »hausgemacht«. So sind die Monokulturen der Citrusplantagen in den Erzeugerländern Hauptursache für die hier häufig anzutreffenden Viruskrankheiten. Pathogene Erreger wie das Tristeza-Virus, das bereits viele Plantagen durch Baumsterben zerstört hat, sind in unseren Breiten aber selten. Wenn sie überhaupt auftreten, so sind sie eingeschleppt. Die befallene Citruspflanze muß dann sofort vernichtet werden. Pflegefehler sind aber auch bei der Kultur von Citrusgehölzen in unseren Breiten die Hauptursache für das Erkranken von Pflanzen.

Natürliche Resistenz
Gesunde Pflanzen haben die besten Voraussetzungen, vor Schädlingen und Krankheiten gefeit zu sein.

Oberstes Ziel sollte es daher immer sein, die Pflanzen artgerecht zu halten, sie optimal zu versorgen und ihnen einen Platz zuzuweisen, der ihren Bedürfnissen gerecht wird. Citruspflanzen werden bei uns vorwiegend in Kübeln gehalten. Von Vorteil ist, daß sie dadurch mobil sind und stets an den günstigsten Platz gestellt werden können. Der schwerwiegendste Nachteil ist aber, daß Kübelpflanzen ungünstige Wachstumsbedingungen nie selbst ausgleichen können, wie dies in der freien Natur der Fall ist. Sie können aus dem kleinen Kübel nur entnehmen, was wir ihnen zur Verfügung stellen. Sie können auch einem Zuviel an Wasser oder Düngemitteln nicht entfliehen.

Pflegefehler rechtzeitig erkennen
Wer seiner Citruspflanze etwas Aufmerksamkeit schenkt, wird sicher rechtzeitig bemerken, wenn sie »unzufrieden« ist. Die Pflanze zeigt durch verschiedene äußere Veränderungen an, was ihr fehlt. Gelbe Blätter (Chlorose) deuten auf einen Mangel von Eisen und Spurenelementen hin. Ausgelöst wird diese Erscheinung durch unterbliebene oder einseitige Düngung ohne Spurenelemente, durch zu nassen Boden oder durch einen zu hohen pH-Wert (alkalischer Boden). Braune Blattränder deuten ebenfalls auf Spurenelementemangel hin. Hier fehlt Kalium. Auch bei dauernassem Boden treten solche Anzeichen auf.
Helle bis weiße Blätter deuten neben Eisen- und Magnesiummangel auch Stickstoffmangel an. Ursache ist zu seltene Düngung und oft auch ein zu kleiner Topf.
Silberglänzende und braunfleckige Blätter zeigen einen Sonnenbrand an. Dazu kommt es meist, wenn die Pflanze aus dem mäßig belichteten, luftfeuchten Überwinterungsquartier sogleich der prallen Sonne ausgesetzt wird.
Mäßig bis stark eingerollte Blätter zeigen einen zu trockenen Boden an. Befinden sich die eingerollten Blätter nur an einem Ast und nicht an der ganzen Pflanze, kann es sich aber auch um eine fortgeschrittene Pilzinfektion handeln.
Dunkel- bis blaugrüne Verfärbung der Blätter, Blüten- und Fruchtfall können Hinweise auf Phosphormangel sein.
Wachstumsstockungen, Blattrandnekrosen, verkrüppelte, oft gelbliche Blätter deuten auf eine Bodenversalzung oder Überdüngung hin.

Maßnahmen gegen Schädlinge und Krankheiten
Ist die Pflanze erst einmal erkrankt oder von irgendwelchen tierischen Schädlingen befallen, so gilt es rasch zu handeln. Es gibt verschiedene Möglichkeiten der Behandlung. Mechanische, biologische und chemische Bekämpfungsmaßnahmen stehen zur Auswahl.

◁ *Urlaubsstimmung.*
Gut gepflegte Citruspflanzen machen viele Jahre lang Freude.

Chemie oder Natur?

Grundsätzlich können natürliche Pflanzenbehandlungsmittel von den künstlich hergestellten, chemischen unterschieden werden. Weil die natürlichen Substanzen und Mittel direkt von der Natur entnommen wurden, können sie nach deren Ausbringung auf die Pflanzen auch leichter wieder in den Naturkreislauf zurückgeführt werden.

Chemische Substanzen zur Schädlingsbekämpfung entstammen zwar letztendlich auch der Natur, nur sind sie durch Eingriffe von uns zu Wirkstoffen »umgebaut« worden, die ihre ganz speziellen Auswirkungen meist nicht nur auf Schädlinge ausüben. Auch andere Kleinstlebewesen, hier vor allem auch die Nutzinsekten, können durch chemische Mittel vernichtet werden. Selbst für den Menschen können solche Gifte gefährlich werden.

Fazit: Wenn irgend möglich, sollte Schädlingsbekämpfung mit pflanzlichen Mitteln erfolgen. Muß Chemie eingesetzt werden, dann nur in kleinsten erforderlichen Dosierungen und mit äußerster Sorgfalt. Ziel ist stets, wirklich nur die zu bekämpfenden Schädlinge zu vernichten.

Mechanische Mittel

Entdeckt man frühzeitig einen Befall mit tierischen Schädlingen wie Schildläusen, so kann man zu einem ganz einfachen Mittel greifen. Man entfernt nämlich die noch nicht zu zahlreichen Läuse per Hand oder kratzt sie mit der Rückseite eines Messers ab.

Bei einem noch nicht allzu weit fortgeschrittenen Pilzbefall wird der betroffene Bereich mit einem sehr scharfen Messer herausgeschnitten. Die Schnittstellen müssen dann mit einem Fungizid behandelt und anschließend mit einem Wundverschlußmittel sorgfältig verstrichen werden. Bei stärkerem Befall muß der ganze Trieb unterhalb der befal-

Gesunde Citruspflanzen blühen üppig.

Grapefruit können einen Durchmesser von 12 cm erreichen.

54

lenen Stelle abgeschnitten werden. Sind die Blüten leicht von Grauschimmel befallen, kann auch Abbrausen mit einem scharfen Wasserstrahl und anschließendes Besprühen mit einem Fungizid helfen.

Biologische Mittel
Pflanzenteile, die unterschiedlich aufbereitet werden, sind zum Teil als Pflanzenschutzmittel sehr wirksam.

Zur Vorbeugung und Stärkung: Brennesseljauche
Brennesseljauche ist als Pflanzenstärkungsmittel und damit zur Vorbeugung gegen Krankheiten und Schädlinge hochwirksam.
Zubereitung:
• Einen 10 l-Eimer mit frischem, grob zerschnittenem Brennesselkraut füllen und leicht andrücken.
• Mit kaltem Regen- oder Leitungswasser auffüllen.
• An einem warmen Platz im Freien für etwa 7 bis 10 Tage aufstellen, bei Regen abdecken.
• Innerhalb dieses Zeitraums setzt die Gärung ein und anschließend ist die Jauche verwendungsfähig.
Verwendung: Die von Pflanzenresten befreite Jauche wird im Verhältnis 1 : 5 bis 1 : 10, je nach Menge der hinzugegebenen Brennnesseln, mit Wasser verdünnt. Man verwendet sie dann 3 bis 4 Wochen lang je einmal zum Gießen.

Gegen Blattläuse: Brennesselbrühe
Brennesselbrühe wird als Spritzmittel gegen Blattläuse verwendet.
Zubereitung:
• Den 10 l-Eimer mit Brennesseln und Wasser füllen, wie oben bei Brennesseljauche beschrieben.
• Eimer an einen schattigen Platz stellen.
• Nach etwa 24 Stunden sind die Nesselgiftstoffe sowie die Ameisen- und Essigsäure in das Wasser übergegangen.

• Durch ein feines Sieb oder Tuch in ein Gefäß abgießen.
Verwendung: Brennesselbrühe wird unverdünnt gegen Blattläuse gespritzt. Dieses Mittel sollte allerdings immer frisch verwendet werden, weil es so am besten wirkt.
Mein Tip: Die ausgelaugten, zerschnittenen Brennesselpflanzen sind ein wertvoller Bestandteil für jeden Komposthaufen.

Gegen Milben, Raupen und Läuse: Wermut
Eine weitere Pflanze aus der Apotheke Natur hilft gegen Milben, Raupen und Läuse, die Citruspflanzen arg zusetzen können.
Zubereitung:
• In einem 10 l-Eimer den Boden mit grob zerschnittenem Wermutkraut bedecken.
• Mit 10 l kochendem Wasser übergießen.
• Brühe etwa 20 Minuten ziehen lassen.
• Flüssigkeit abgießen und erkalten lassen.
Verwendung: Die gefährdeten oder befallenen Pflanzen werden mit der 1 : 2 bis 1 : 3 verdünnten Brühe besprüht.

Gegen Pilzkrankheiten: Tomatenblätter
In den Blättern der Tomate ist ein Wirkstoff mit Namen Tomasin enthalten, der fungizid, also pilzabtötend wirkt.
Zubereitung:
• Tomatenblätter auspressen oder zerreiben.
• Den Brei mit kaltem Wasser übergießen, 1 Stunde stehen lassen.
• Durch Filtern von Pflanzenrückständen befreien.
Verwendung: Die Flüssigkeit kann als Spritzmittel oder zum Gießen gegen Pilzerkrankungen eingesetzt werden.

Mein Tip: Wo es möglich ist, sollten nur pflanzliche Mittel, wie sie oben beschrieben wurden, im Pflanzenschutz benutzt werden. Diese Verfahren helfen den Pflanzen, ohne Tieren oder gar dem Menschen zu schaden.

Chemischer Pflanzenschutz
Bei chemischen Pflanzenschutzmitteln wird unterschieden zwischen Mitteln gegen tierische Schädlinge (zum Beispiel Insektizide, Akarizide, Molluskizide) und Mitteln gegen pilzliche Schädlinge (Fungizide). Chemische Pflanzenschutzmittel sind oft hochwirksam, gelegentlich zeigen die Schädlinge jedoch Resistenzerscheinungen und werden nicht mehr abgetötet. Bei der Wahl des Mittels und über die richtige Anwendung sollten Sie sich im Fachhandel auf jeden Fall beraten lassen.
Zu den chemischen Mitteln zählen auch die umweltschonenden Mineralölspritzmittel sowie Netzmittel und Seifenlösungen, die für ein gleichmäßiges Benetzen mit Pflanzenschutzmitteln an allen Pflanzenteilen sorgen.
Mein Tip: Eine besonders gute Haftwirkung von zu spritzenden biologischen und chemischen Pflanzenschutzmitteln an den Blättern erreicht man durch Zugabe einiger Spritzer eines Netzmittels (Geschirrspülmittel) zur Spritzbrühe.
Wichtig: Insektizide aus Sprühdosen anzuwenden, kann für die Pflanzen gefährlich sein. Der Sprühstrahl ist nämlich sehr kalt und kann dadurch die Pflanzen schädigen. Außerdem sind manche Treibgase umweltschädigend!

Was tun gegen Schnecken?

Schnecken können großen Schaden an Citruspflanzen anrichten. Besonders ihre jungen Blätter und Austriebe stellen für Nacktschnecken eine ausgesprochene Delikatesse dar. Junge Pflanzen können so in einer Nacht vollkommen verunstaltet werden. Sogar vor Früchten machen Schnecken keinen Halt.

Bekämpfung: Wenn der schneckenverseuchte Bereich nicht allzu groß ist, können Fallen gestellt werden. Zu diesem Zweck werden Plastikbecher ebenerdig eingegraben und bis zum Rand mit Bier gefüllt. Der Geruch lockt die Schnecken an, die dann im Bier ertrinken. Die Fallen müssen häufig gereinigt und nachgefüllt werden.

Chemische Bekämpfungsmittel (Molluskizide) sollten auch hier nur angewendet werden, wenn man der Plage anders absolut nicht mehr Herr werden kann. Für diesen Fall gibt es das sogenannte Schneckenkorn.

Wühlmäuse – auch im Kübel

Diese für manche Menschen niedlichen braunschwarzen Tierchen können erhebliche Schäden an den Wurzeln der Pflanzen anrichten und sie schließlich sogar vernichten. Sie sind außerdem auch Überträger von Krankheiten (Salmonellen).

Bekämpfung: Die einfachste Methode ist das Fluten der Kübel. Mit einem Wasserschlauch wird so lange Wasser in den Kübel geleitet, bis er überläuft. Schnell werden die Wühlmäuse ihr Versteck verlassen, um nicht zu ertrinken. Man muß nur beobachten, wohin sie sich verkriechen. Vielleicht verlassen sie den Kübelpflanzenbereich und richten keine weiteren Schäden an. Können sie mit dieser umweltfreundlichen Methode nicht vertrieben werden, müssen Mausefallen oder Giftköder angewendet werden.

Tierische Schädlinge

Schildläuse sitzen zumeist unter den Blättern, die sich hell verfärben und schließlich abfallen. Ihre klebrigen Honigtauausscheidungen sind idealer Nährboden für Pilze. Abhilfe: Sind am optimalen Standort selten, mit Wasser abspritzen.

Spinnmilben gehören zu den Spinnentieren. Zu erkennen an hellen, punktartigen Flecken auf den Blättern, manchmal auch zartes Spinngewebe an oder zwischen den Blättern. Sie ernähren sich von Pflanzensäften und schädigen erheblich. Abhilfe: Sofort bekämpfen, Mineralölspritzmittel.

Blattläuse erkennt man mit bloßem Auge auf den Blättern oder an verkrüppelten Austrieben. Sie stechen das Pflanzengewebe an und entziehen Nährstoffe. Abhilfe: Sofort entfernen, Brennesselbrühe.

Dickmaulrüßler sind gefräßige Käfer, die die Blätter auffressen. Ihre Larven schädigen die Wurzeln. Die Pflanze leidet so erheblich. Abhilfe: Schwer zu bekämpfen, Insektizid.

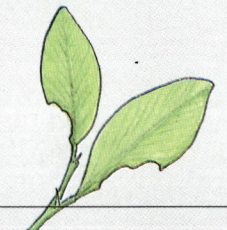

Schnecken betrachten Citruspflanzen als echte Spezialität. Besonders die jungen Austriebe und Blätter fressen sie oft vollständig. Abhilfe: → linke Textspalte.

Tierische Schädlinge möglichst durch Absammeln entfernen. Abwaschen oder Abspritzen kann besonders Blattlausbefall beseitigen. Hilft das nicht und müssen Spritzmittel angewendet werden, so muß mindestens zweimal gespritzt werden. Den zeitlichen Abstand zwischen den Spritzungen entnehmen Sie dem Beipackzettel.

Schäden durch Nematoden

Seltener treten Nematoden im Pflanzsubstrat von Kübelpflanzen auf. Diese kleinen, farblosen Fadenwürmer (Älchen) können erheblichen Schaden an den Wurzeln der Pflanzen anrichten. Ob es sich bei den Älchen allerdings um nützliche (die Humusbildung fördernde) oder pflanzenschädliche Tierchen handelt, kann vom Laien nicht unterschieden werden. Daher ist sterile Erde stets vorzuziehen.

Bekämpfung: Man kann sehr gut vorbeugen, indem man nur gedämpfte oder sterilisierte Erde (→ Seite 24) verwendet. In einer so behandelten Erde treten Nematoden praktisch nie auf. Haben sich sie aber erst mal eingenistet, ist die Bekämpfung äußerst schwierig. Am besten wird der Befall durch den Austausch des Bodens bekämpft. Bei Befall des Pflanzsubstrats im Wintergarten muß unter Umständen die gesamte Erde erneuert werden.

Einige Tips zum Pflanzenschutz

Der beste Pflanzenschutz ist der vorbeugende. Die Pflanzen müssen optimal mit Nährstoffen und Dünger versorgt werden. Solche Pflanzen sind dann am widerstandsfähigsten gegen Schädlingsbefall und Krankheiten.

Beim Pikieren und Umtopfen sollte keimfreie Erde verwendet werden. Und schließlich sollten die gesunden Pflanzen vorbeugend mit pflanzlichen Mitteln (→ Seite 55) behandelt werden. Wer sich an diese Tips hält, wird kaum mit übermäßigem Schädlingsbefall rechnen müssen. Muß doch einmal zu chemischen Behandlungsmitteln gegriffen werden, sollten sie auch konsequent, nach Vorschrift, angewendet werden. Nur so können die Schädlinge und deren nächste Generation sicher vernichtet werden.

Pilzerkrankungen und Pflegefehler

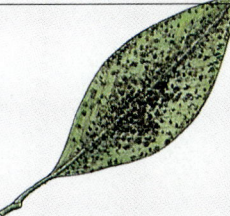

Rußtaupilze sind an schwarzen Verfärbungen der Blätter zu erkennen. Sie siedeln sich besonders gerne auf den klebrigen Ausscheidungen von Blatt- und Schildläusen an. Abhilfe: Zuerst müssen Blatt- und Schildläuse vernichtet werden, danach gründlich abwaschen.

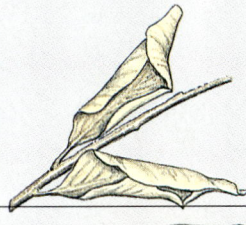

Fusarium, eine Pilzinfektion, läßt ganze Pflanzenteile plötzlich absterben und vertrocknen. Abhilfe: Befallene Teile ausschneiden und vorbeugend spritzen. Stets dafür sorgen, daß der obere Bereich des Substrats nicht zu feucht ist. Fusarium tritt vor allem am Fuß des Stämmchens auf.

Chlorose zeigt sich durch das Hellerwerden der Blätter. Das deutet meist auf einen Mangel an Spurenelementen hin. Häufig fehlt Eisen. Abhilfe: Kurzfristig hilft Spritzen mit Eisenchelaten. Langfristig Boden verbessern – er muß sauer sein, Staunässe muß vermieden werden.

Überhitzung und Sonnenbrand führen zu braunen Flecken auf den Blättern. Tritt auf, wenn Pflanzen nach mäßig heller Überwinterung sofort in die Sonne gestellt werden. Abhilfe: Pflanzen langsam an Sonne gewöhnen. Nicht bei Sonnenschein gießen, da Wasserperlen als Brennglas wirken.

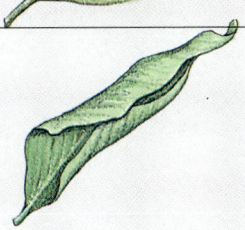

Wassermangel zeigt sich durch das Einrollen der Blätter. Spätestens jetzt muß durchdringend gewässert werden, um die Pflanze nicht zu schädigen. Abhilfe: wie auf Seite 28 beschrieben.

Pilzinfektionen gehören zu den gefährlichsten Krankheiten für Citruspflanzen. Hier ist vor allem frühzeitiges Erkennen und Ergreifen der erforderlichen Maßnahmen wichtig.

Pflegefehler können die Pflanzen verunzieren und schädigen. Sie werden geschwächt und anfälliger für Krankheiten und Schädlinge.

Arten- und Sortenüberblick für Citrusfans

In dem vorliegenden Buch wurden viele Citrusarten und -sorten beschrieben, die aber natürlich nicht die riesige Sorten- und Hybridenvielfalt dieses Edelobstes wiedergeben können. Der aufmerksame Obstgenießer oder Pflanzenliebhaber wird beim Einkauf von Citrusfrüchten sicher einmal auf die Etikettierung der Kisten schauen, in denen die Früchte angeliefert wurden. Während in den Auslagen der Geschäfte die Früchte überwiegend nur allgemein bezeichnet werden (»Apfelsinen«), findet man auf den Kisten häufig auch die Sortennamen.

Damit Citrus-Interessierte aus den Sortennamen Rückschlüsse auf Gattung, Art, Hybriden ziehen können und das ganze Umfeld dieser interessanten Nutzpflanzen ein wenig durchsichtiger wird, sollen folgend einige wichtige Sorten und deren Zugehörigkeit benannt werden. Diese Aufstellung erhebt keinesfalls Anspruch auf Vollständigkeit.

Zitronenartige

Berna (spanische Sorte), Eureka, Femminello (älteste und wichtigste italienische Zitrone, zum »Verdelli-Prozeß«, → Seite 30 geeignet), Interdonato (lange, zylindrische Frucht), Lisbon, Monachello, Villafranca, Genua, Lunario (Vier-Saison-Zitrone).
Süße Zitronen/Limetten: Dorshapo, Millsweet, Süße Palästina Limette.
Saure Limetten: Mexican Lime, Tahiti Lime (kleine grüne Zitronen).

Sonstige: Ponderosa, Meyer Zitrone, Alemow.
Zitronatzitronen: Diamante, Etrog (Israel), Buddhas-Hand-Zitrone (bei dieser Varietät stehen die Fruchtsegmente frei und erinnern so an die Finger einer Hand).

Apfelsinenartige

Navelorangen: Washington Navel (Bahia, sehr süß), Thompson Navel, Navel Late (Mutation der Bahia), Washington Sanguin (»Blutnavel«), Navelina, Newhall (sehr frühe, rotorange Frucht).
Blondorangen: Berna (namensgleich mit der Zitronensorte), Hamlin (wichtige Sorte aus Florida), Jaffa, Jaffa Late (beide Israel), Malta, Pera, Pineapple, Salustiana, Shamouti, Valencia, Trovita, Criollo Seedling, St. Michael, Pomeranze (Sauerorange).
Blutorangen: Bei Vollblutorangen ist das Fruchtfleisch und die Schale pigmentiert: Blutoval (Doblefina), Rundblut (Entrefina), Große Sanguine, Ruby, Spanish Sanguinelli. Halbblutorangen haben pigmentiertes Fruchtfleisch: Moro (kleinfruchtig, die wichtigste Sorte), Sanguinello, Sanguigno, Tarocco, Maltaorange (Maltaise, Portugaise).

Mandarinenartige

In diese Gruppe fallen auch viele Hybriden, deren Früchte zu den »Easy-Peelern« (Leicht-Abschälbaren) zählen. Die Fruchtgröße ist zumeist klein bis mittel. Mandarine, Satsuma, Owari, King-Mandarin, Michal, Clementine (süße, wichtigste Sorte, meist samenlos), Dancy (durch Ausbuchtung am Stielansatz oft birnenförmig), Ellendale, Encore, Fremont (frühreifend), Kara (dunkelrotorange süße Früchte mit gutem Aroma, empfehlenswerte Kübelpflanze), Murcott, Nova, Ortanique (Topaz, große tieforange Früchte), Ponkan (»Navelmandarine«), Wilking, Hermandina, Clau-

sellina, Sunki (Sauermandarine, ein Elternteil der Calamondin), Cleopatra (kleinfruchtig), Rangpur-Limette (sauer, wertvoll zur Saft- und Marmeladenherstellung).

Grapefruitartige

Duncan, Marsh (die beiden wichtigsten Sorten), Forster (rosa), Ruby Red (rosa), Sunrise, Thompson.
Pampelmusen: Bei uns sind nur wenige Sorten bekannt. Chandler (rosa Fleisch, süßsäuerlich), Banpeiyu (eine der größten Citrusfrüchte, gedeiht nur in warmen Regionen), Pomelo (israelische süße bis süßsaure Sorte mit leichtem Brombeeraroma), Siamese Sweet (Süße Pampelmuse).

Fortunella und Poncirus

Oval-Kumquat (Nagami), Rund-Kumquat (Marumi), Große Rund-Kumquat (Meiwa), Minikumquat (Hongkong-Kumquat), Dreiblättrige Orange (auch genannt Dreiblättrige Zitrone, Bitterzitrone).

Hybriden und Sonstige

Tangors (Mandarine x Orange): Temple, Umatilla.
Tangelos (Mandarine x Grapefruit oder Pampelmuse): Minneola (gehört mittlerweile zu den wichtigen Citrusfrüchten), Orlando, Sunrise, Ugli.
Weitere Hybriden: Calamondin, Limequat (kleine gelbe »Zitrönchen«), Sweety (grapefruitartige grüngelbe Frucht), Lipo, Mapo, Oscar, Pomelita, Citrangequat, Citrange (Rusk, Troyer, Carrizo).
Sonstige: Bergamotte (Öl ist Bestandteil vieler Parfüms), Chinotto (Hardas), Papeda.

REGISTER

Die **halbfett** gesetzten Seiten-zahlen verweisen auf Farbfotos und Farbzeichnungen. U = Um-schlagseite.

Paradiesisch

Das schönste Grün und die prächtigsten Blüten: Die GU Pflanzen-Ratgeber erklären vorbildlich, wie man's schafft. Mit präzisen Pflegeanleitungen von Experten und brillanten Farbfotos.

Weitere Titel aus dieser Reihe:

◆ Bambus in Haus und Garten
◆ Begonien für Zimmer, Balkon und Garten
◆ Begrünen von Haus und Balkon
◆ Grünpflanzen fürs Zimmer
◆ Kakteen
◆ Kübelpflanzen
◆ Küchenkräuter biologisch ziehen
◆ Orangen, Zitronen und andere Citruspflanzen
◆ Palmen
◆ Zimmerpflanzen-Pflege
◆ Große GU Pflanzen-Ratgeber „Zimmerpflanzen" und „Balkon- und Kübelpflanzen"

Irrtum und Änderung vorbehalten. Stand: 3/92 · vwi

DM 14,80

DM 16,80

DM 16,80

DM 14,80

DM 19,80

Kontaktadresse für Citrus-pflanzenfreunde

Deutsche Citrus Gesellschaft
p. Adr. Peter Klock
Stutsmoor 42
D-2000 Hamburg 52

Bücher

Encke: *Kalt- und Warmhaus-pflanzen.* Ulmer Verlag, Stuttgart
Heitz: *Balkon- und Kübelpflan-zen.* Gräfe und Unzer Verlag, München
Graf: *Tropica.* Roehrs Company, East Rutherford, N.J.
Klock: *Früchte, Gemüse und Gewürze aus dem Süden.* BLV, München
Recht: *Kübelpflanzen.* Gräfe und Unzer Verlag, München
Wardowski: *Fresh Citrus Fruits.* The Avi Publishing Comp. Inc., Westport/Connecticut
Zander: *Handwörterbuch der Pflanzennamen.* Ulmer Verlag, Stuttgart

Zeitschriften

mein schöner Garten. Verlag Burda GmbH, Hauptstraße 130, D-7600 Offenburg
FLORA. Gruner + Jahr AG & Co., Postfach 11 00 11, D-2000 Hamburg 11
Gartenpraxis. Ulmer Verlag, Wollgrasweg 41, D-7000 Stuttgart 70
kraut & rüben. BLV Verlags-gesellschaft mbH, Lothstraße 29, D-8000 München 40
Der Garten. Hortus Verlag GmbH, Postfach 20 06 55, D-5300 Bonn 2

Bezugsquellen

Citruspflanzen in größerer Aus-wahl werden angeboten von:
Südflora, Inh.: Peter Klock (Große Citrusauswahl), Stuts-moor 42, 2000 Hamburg 52 (Versand und Abholung)
Flora Mediterranea, Inh.: Dipl.-Ing. Christoph und Ma-ria Köchel, Königsgütler 5, 8309 Au i. d. Hallertau (Versand und Abholung)
Fritz Eikermann, Baumschulen, Extertalstr. 14, 3260 Rinteln 5 (Abholung)
Ibero Import, Bahnhofstr. 12, 3433 Neu Eichenberg

Außerdem werden Citruspflan-zen von örtlichen Gärtnereien, Blumengeschäften und Garten-centern angeboten.

Nutzinsekten:
Bio Nova GmbH, Boschstraße 16, D-4190 Kleve
W. Nundorff, Postfach 1209, D-3254 Emmerthal 1
D. Niesner, Hugo-Wolff-Straße 13, D-4010 Hilden
Sautter & Stepper, Rosenstraße 19, D-7403 Ammerbach 5

Alternative Schädlings-bekämpfungsmittel:
Dr. Dietrich Gümbel, Kurallee 8, D-7758 Meersburg

Bezug von Nutzinsekten und alternativen Schädlingsbekäm-pfungsmitteln auch über Gartenfachhandel und Garten-versandhandel möglich.

Wichtig: Die Adressenlisten erheben keinen Anspruch auf Vollständigkeit. Eine telefoni-sche oder schriftliche Anfrage bei den Herstellern klärt am besten über Sortiment, Speziali-täten und Verkaufsmodalitäten auf. Legen Sie Ihrem Brief stets einen frankierten Rückumschlag bei.

Die Fotografen:
Bavaria/Thoning: Seite 44/45;
IFA-Bilderteam/Bohnacker: Seite 8;
Klock: Seite 2 r., 13 o. l., o. m., o. r.,
u. l., u. r., 14 u., 17 u., 19 u. l., u. m.,
u. r., 47 o. l., o. m., u. l., u. m., u. r.;
Reinhard: Seite 31 l. Strauß: alle
übrigen Bilder.

CIP-Titelaufnahme der Deutschen
Bibliothek
**Orangen, Zitronen und andere
Citruspflanzen:** so gedeihen sie am
besten im Zimmer, im Winter-
garten, auf Balkon und Terrasse;
Expertenrat für Kauf, Pflege,
Vermehrung und Überwinterung/
Peter Klock. – 2. Aufl. – München:
Gräfe und Unzer, 1990
(GU-Pflanzen-Ratgeber)
ISBN 3-7742-3364-0
NE: Klock, Peter [Mitverf.]

2. Auflage 1992
© 1990 Gräfe und Unzer GmbH,
München

Redaktionsleitung: Hans Scherz
Redaktion: Renate Weinberger
Lektorat: Elke Angres,
Christine Schulze Buschoff
Herstellung: Johanna Wolter
Zeichnungen: Marlene Gemke
Umschlaggestaltung:
Heinz Kraxenberger

Satz: Fertigsatz
Druck: Pera
Bindung: R. Oldenbourg

ISBN 3-7742-3364-0